Un printemps pour la planète

Vincent LE CAM

L'AUTEUR

Il convient que je parle de moi ici. Je ne sais pas faire ces choses-là, mais je vais tâcher, à grand peine, de me présenter à toi.

Je suis breton, originaire de Lesconil, mais je suis né à Nancy et vis à Batz-sur-Mer, sans doute par esprit de contradiction.

De mon enfance, je ne garde que de bons souvenirs. Je l'ai passée essentiellement au Nigéria. La petite école française Peugeot de Kaduna fut le théâtre de mes premières bêtises. Je les partageais avec mon frère et d'autres enfants d'expatriés. Nous nous retrouvions chaque après-midi, au Zaki Club, pour des aventures toujours renouvelées.

De cette période extraordinaire, j'ai conservé un goût prononcé pour le voyage et la découverte.

Je ne crains pas de déménager souvent, ni de vivre sur un bateau, j'aime la bonne chère, les plaisirs de la vie, les amis.

J'ai créé puis revendu une société qui a accaparé vingt ans de ma vie.

En fait, je crois que je suis très instable, ou du moins je l'étais.

Je l'étais… jusqu'à ce qu'une hirondelle décide de me confier sa plume !

DÉDICACE

À toi qui es petit et lent dans un monde grand et rapide ; à toi qui ne demandes rien d'autre que de vivre serein dans ton environnement ; à toi qui portes sur tes épaules toute la misère du monde, je t'offre ces quelques lignes, petit pangolin.

PREMIÈRE PARTIE
Zéro sur vingt

Si j'étais Dieu, je crois que zéro sur vingt, c'est la note que j'attribuerais à votre Humanité !

Les autres animaux auraient tous la moyenne, bien sûr, car ils font leur travail.

J'octroierais vingt aux moustiques, par exemple, et seulement douze aux chats. Question de point de vue.

Il faut dire que je suis une hirondelle. Le chat qui mange mes petits me semble moins méritant que les moustiques, mes friandises. Toi qui me lis, tu ne partages sans doute pas mon avis. Eh bien tant pis, je le donne quand même !

Mon travail à moi s'inscrit dans un cycle sans faille : parcourir le monde deux fois par an, manger des moustiques, et donner naissance à de petites hirondelles. Elles-mêmes parcourront le monde, mangeront des moustiques et donneront naissance à d'autres petites hirondelles.

Mon périple, je l'entame en Afrique, où je vis la première moitié de l'année. À la fin de la saison sèche, je viens m'installer en France. J'ai mes quartiers d'été depuis bien longtemps chez Nicole, au sud de la Bretagne.

Elle est gentille, Nicole, elle préserve nos nids d'un printemps à l'autre. Malheureusement, depuis quelque temps, beaucoup restent vides durant l'été. Il faut dire que la nourriture se fait de plus en plus rare. Les moustiques disparaissent, je ne sais pas pourquoi. J'ai entendu dire qu'on « traitait » les campagnes. Ça a peut-être un rapport !

Une ancienne hirondelle, bien plus âgée que moi, m'a dit un jour, lorsque j'étais enfant : « *Tu sais Bec-au-Vent* (c'est mon nom)*, les humains, de mon temps, ils devaient nettoyer à la main les pare brises de leurs voitures, pour enlever les insectes qui s'y écrasaient. Désormais, leurs essuie-glaces suffisent, parce que seuls le sel et la poussière heurtent leurs vitres.* »

Le vénérable oiseau avait constaté cela moins de quinze ans plus tôt. Que de changement en une période si courte ! En attendant, nous, les hirondelles, voyons bien que notre garde-manger s'amenuise.

Quant à ma progéniture, j'en élève une promotion chaque année, et je m'attache toujours à lui offrir la meilleure éducation. La tâche n'est pas simple. Il ne s'agit pas seulement de donner la becquée à mes petits. Il convient également de leur apprendre à se lisser les plumes, à chasser, à éviter les pièges que nous tend la Nature, à se repérer dans l'espace et le temps, pour ressortir vivant des longues migrations. Je m'oblige aussi à leur inculquer les valeurs que je tiens de mes parents, disparus il y a longtemps. Je suis fière de tous mes oisillons, et foi d'hirondelle, je suis fière également de tout le travail que j'ai réalisé !

Ma vie ressemble à celle de bien des animaux que je côtoie journellement. Je l'aime comme elle est, avec ses petites joies et ses petites peines ; avec ses aventures qui la rendent singulière.

Parmi les autres, ceux dont la vie me semble bien différente, il en est un qui prend de plus en plus de place sur la planète. Même lorsqu'il se trouve loin, on ressent sa présence dans l'air, dans l'eau ou sur la terre. Il s'insinue partout. Tu l'auras compris, je parle de toi et de tes pairs, les humains.

*****
***
*

Ah, les humains… Vous savez, je crois que vous produisez souvent les bons diagnostics. Vraiment, c'est un talent ! Mais malgré tout, vous mettez systématiquement en œuvre les mauvais procédés pour enrayer vos égarements, ou résoudre vos problèmes. C'est embêtant. J'ai même entendu dire que certains d'entre vous étaient devenus végans pour faire du bien à la planète. Vous avez oublié que vous êtes omnivores, à l'origine ? C'est sans doute par quelque fourvoiement que ceux-là ne se plaisent qu'à brouter. Je ne vois pas d'autre explication !

Je n'ai pas un gros cerveau, c'est peut-être la raison pour laquelle je ne comprends pas votre logique. Il paraît qu'il n'y a pas si longtemps, vos vaches sont devenues folles… parce que vous aviez remplacé leur herbe par de la farine animale. J'imagine qu'il s'agit de carcasses d'animaux réduites en farine ? C'était sans doute une erreur. Tout le monde sait bien qu'une vache, ça ne mange pas de viande. Non ?

Mais je m'égare déjà – j'ai tant de choses à dire, aussi ! Laisse-moi évoquer mes premières sources d'agacement.

Au cours de nos voyages, on a le temps de parler avec les copines. On voit le monde d'en haut et on observe tout, c'est si simple de regarder !

On remarque bien, par exemple, que votre population augmente de manière exponentielle. Et on constate au contraire, que celle des autres animaux baisse à toute vitesse. Vous prenez tant de place avec vos villes, vos routes et vos cultures, que nul autre que vous ne peut plus jouir de son territoire.

J'ai même cru comprendre que vous cherchiez de nouvelles planètes pour vous y installer. On vole sur le dos, non ? Enfin chez vous, je crois qu'on dit : « On marche sur la tête ! »

Vous êtes si nombreux qu'il n'y a plus assez de place sur la Terre. Pourtant, vous voulez garder tout l'espace déjà conquis, et continuer de vous étaler, refusant jalousement de partager les sols. Bon nombre d'entre vous détruisent nos nids chaque année. Et nous, on reconstruit. Et vous cassez encore. À croire que même nos trente centimètres carrés vous gênent, vous qui en squattez des milliards de milliards !

Avant votre industrialisation et votre mondialisation, un certain équilibre subsistait. La chaîne alimentaire était respectée. Les grands espaces existaient encore et chacun pouvait vivre, se loger, se nourrir et mourir en paix. Chaque animal respectait l'autre, même s'il le mangeait ! Fini tout ça. Vous n'êtes plus capables d'honorer cet équilibre. Vous brûlez les forêts, vous dévastez les océans, vous polluez le ciel et même vous, vous ne vous respectez plus !

Vos médecins, tels d'apprentis « bons dieux », veulent vous faire vivre le plus longtemps possible. Dès que vous êtes vieux, on vous range en EHPAD, et vous devez survivre encore plusieurs années.

Préférez-vous donc votre longévité à votre qualité de vie ? N'est-il pas plus gratifiant d'aider vos congénères à mourir sereinement, plutôt que de les contraindre à partir plus tard, débarrassés de leur dignité et souvent de leur raison ?

Nous, les hirondelles, on ne vit pas très vieilles, mais on est très actives jusqu'au jour de notre mort !

Ce n'est pas une mauvaise chose, la mort, si on a fait son travail.

Je sais, je sais. C'est plus angoissant d'accepter un décès que de le repousser au maximum. En tout cas, j'ai l'impression que ça vous donne bonne conscience de fonctionner ainsi…

Vous êtes comme ça, vous, les humains. Des « bien-pensants ». Vous vous donnez un mal fou pour des causes qui touchent l'autre bout de la planète, mais vous vous rendez bien incapables de prendre soin de vos proches, ou de la petite vieille d'en bas de chez vous, au jour le jour.

Si ce n'était pas navrant, ma foi, ce serait risible !

*****
***
*

Nicole, quand elle fait son ménage, elle écoute la radio. Dans ces moments-là, elle ouvre grand sa fenêtre. Je profite alors largement de ces émissions qui m'éclairent dans beaucoup de domaines. Enfin, si je dois faire preuve d'honnêteté, je le fais surtout pour rigoler un bon coup.

Je dois dire que les sujets qui m'amusent le plus concernent ce que vous nommez « écologie ». Ce doit être de l'humour anglais : vos journalistes traitent de thèmes éminemment sérieux, avec ce flegme et cette gravité que seuls les Britanniques savent arborer. Quand bien même ils disent n'importe quoi.

Tenez, la dernière fois, ils parlaient du plastique. Chacun sait bien qu'il y en a plein les océans et qu'il faut arrêter d'en fabriquer. Et pourtant, le prétendu expert que ces comiques interrogeaient, en prenant un ton persuasif, tentait de vous convaincre de le recycler. Il ne tarissait pas d'arguments, tous plus farfelus les uns que les autres. Qu'est-ce que j'ai ri !

Il devait le savoir pourtant, ce monsieur, qu'à l'époque on ne pouvait pas recycler plus de huit fois un plastique, sans qu'il ne perde ses propriétés de transparence, de résistance ou d'étanchéité. Hilarant, cet humain : pas une seule fois, il n'a mentionné qu'on ne pouvait pas mettre plus de vingt-cinq pour cent de plastique recyclé dans une bouteille. Jamais il n'a rappelé que pour fabriquer cette même bouteille, il fallait ajouter soixante-quinze pour cent de plastique neuf. Et en aucun cas il n'a conclu que le recyclage impliquait de créer trois fois plus de plastique. Vraiment très fort, quel charlatan !

Bon, je médis, mais il avait bien un argument apparemment recevable. Il exposait que certains scientifiques avaient découvert, en étudiant les propriétés de certaines enzymes, le moyen de recycler le plastique à cent pour cent. Si jamais ils arrivaient au bout de leurs recherches, je suis curieuse de voir quelles pollutions nouvelles ils nous inventeraient. De toute façon, cela aurait pour seul effet de décaler le problème. Puisqu'une bouteille en plastique, même recyclée à cent pour cent, finira toujours dans la mer. En plus, dès que cette bouteille aura disparu sous les eaux, elle sera immanquablement remplacée par une autre… peut-être même constituée à cent pour cent de plastique neuf.

En attendant, sois sûr que la majorité des plastiques qui viennent gonfler les océans, désormais, ont été recyclés !

Je me délecte également du discours des politiciens. Surtout quand ils parlent de voitures électriques. Ça aussi ça me fait marrer ! Le fantasme du « tout électrique », ce doit être un nouveau jeu pour vous. Parce que ce n'est pas possible dans la vraie vie. Vous achetez déjà un bon tiers de votre électricité à d'autres pays, qui eux, la produisent avec du charbon… et vous voulez recharger soixante millions de voitures en plus, tous les soirs, tout en supprimant des centrales nucléaires !

L'avantage, c'est que les batteries de ces véhicules « propres » ne polluent pas, et qu'elles sont facilement recyclables ! Ouarf… Tu vois, moi aussi je fais de l'humour !

*****
***
*

Hier, je suis allée voleter avec Serres-de-Poussin (une de mes meilleures copines) du côté de la presqu'île guérandaise. L'endroit est magnifique, alternant entre petites criques, hautes falaises et plages de sable fin.

Nous avons longé le littoral en partant vers l'ouest, glanant çà et là quelques insectes suicidaires. Nous n'avions pas tellement faim à ce moment-là. En fait, nous nous sommes surtout amusées à compter les filets le long de ces dix kilomètres de côte. Il y en avait plus de cent et je crois bien que chacun d'eux mesurait une cinquantaine de mètres. Je ne me considère pas très douée en mathématiques, mais il semble que, durant l'été, un mètre sur deux de vos rivages soit un piège à poissons.

Comment voulez-vous qu'ils se reproduisent ?

Malgré cette réalité, par chez vous, tout le monde s'accorde à dire que ce ne sont pas les petits plaisanciers qui dépeuplent la mer. Moi, si j'étais de votre race, ça ferait bien longtemps que j'aurais interdit toute pêche à moins d'un mille des côtes, sauf à la canne, à la traîne ou à pied.

Vous êtes bêtes ou quoi ? Vous empêchez tous les poissons d'atteindre leurs nurseries ! Ben oui, c'est bien connu quand même, qu'ils pondent près du rivage, sur les hauts fonds, dans des zones préservées des dangers du grand large… Les espèces que vous attrapez dans vos trémails ne sont pas pélagiques, que je sache ! Seulement voilà : vous rejetez toujours la faute sur les autres, pêcheurs professionnels ou chalutiers géants. Bien sûr, ils sont principalement responsables des déserts aquatiques, mais chacun, à sa mesure, doit aussi prendre conscience de ses propres excès.

Vous m'énervez, vous les humains. Vous vous plaignez sans cesse que la Terre va mal, mais vous faites tout à l'envers, et vous encouragez vivement tout ce qui lui porte préjudice !

*****
***
*

Bon, il faut que je m'explique, car mon propos peut paraître un peu flou.

Je disais plus haut que vous étiez trop nombreux. C'est le constat que nous avons établi – nous, les autres animaux encore vivants à la surface du globe.

Par ailleurs, vous possédez une intelligence débordante qui vous permet de tout imaginer. Si vous l'utilisiez à bon escient, l'équilibre de notre planète commune pourrait à nouveau s'installer. Malheureusement, un triple problème vient tout perturber.

D'abord, votre raison est altérée ; ensuite, vous défiez la Nature en permanence ; enfin, vous assortissez tous vos actes d'une sensiblerie excessive, bien trop souvent ciblée sur vous-mêmes.

Que voulez-vous qu'on fasse, nous, au sein d'un tel marasme !

Tu penses que je dis ça par jalousie ou par provocation ? Voici un premier exemple bien connu de chacun, qui pourtant n'a jamais fait école.

Parmi les vôtres, au siècle précédent, des physiciens de renom ont inventé la fission nucléaire. L'un d'eux, et non des moindres, a alerté les grands de ce monde sur les dangers d'utiliser cette invention à des fins militaires. Pourtant, personne ne l'a écouté, et PAF ! Hiroshima, et PIF ! Nagasaki… Vous êtes beaux, vous, les êtres les plus intelligents de la planète !

Vous le saviez pourtant, même à l'époque, que de telles explosions détruiraient bien plus encore que des milliers de gens. Leur habitat aussi a été atteint durablement, jetant les survivants à la rue. Et la faune et la flore ont mis bien des années à se régénérer sur ces espaces dévastés. Car vous avez laissé une Nature désolée et meurtrie soigner seule les cicatrices que vos pairs lui ont infligées.

Aujourd'hui, vous le savez que vos bombes dévastent tout sur leur passage. Vous le savez, mais vous n'en avez cure : vous conservez encore les armes nucléaires, dans vos pays dits « développés ». Ne t'inquiète pas, il y aura bien un fou, un jour, pour appuyer à nouveau sur le bouton !

Oui, votre raison est altérée, voilà l'une des innombrables preuves.

Pourtant, cette histoire ne représente qu'un moustique au sein d'un marécage. Vos méfaits écologiques sont bien plus vastes, et bien plus pernicieux.

Je vais tâcher, pour t'en convaincre, de schématiser la chaîne alimentaire si utile à l'évolution naturelle. Tu verras bien vite que vous vous éloignez chaque jour un peu plus de cette vérité universelle, pour vous retrancher derrière ce que vous pensez être le bien. Un « bien » qui consiste, en fait, à défier la Nature.

Tu sais, à l'état sauvage, les grands prédateurs comme les lions ou les requins mangent d'autres animaux, dans leurs cas respectifs des gazelles ou des pingouins. C'est leur travail. Sois sûr qu'ils ne font pas d'heures sup' ! Quand ils ont mangé, ils s'arrêtent de chasser, eux.

Dans la Nature, ces mêmes prédateurs défendent leur territoire, car c'est leur garde-manger. Pour autant, ils ne se trompent pas de cible. Ainsi, le lion reste placide au passage des éléphants sur son domaine. Le pachyderme ne lui fait pas concurrence, il le sait bien. En revanche, qu'un autre lion se manifeste, et c'est la bagarre assurée ! La loi du plus fort doit alors s'exercer avec justesse. Avec justice.

Dans la Nature, le lion consomme d'abord la gazelle affaiblie par une maladie ou par la vieillesse. Il s'agit de la proie la plus simple à chasser. L'évolution, ma foi, a tout à y gagner.

Dans la Nature, enfin, les populations s'équilibrent. Quand les lions sont trop nombreux, ils ne trouvent plus assez à manger. Avec le temps, leur population réduit naturellement. Les gazelles ont alors le temps de se reproduire et de repeupler la plaine, leur retour annonçant celui de leurs prédateurs. Et ainsi de suite.

Vous, les humains, vous faites fi de ces vérités universelles. Vous ne vous souciez pas de défier la Nature.

Vous voulez tout sauver. La veuve et l'orphelin, les peuples de miséreux, les vieux et les malades. À côté de ça, vous ne vous souciez pas d'être bientôt dix milliards sur la Terre.

Alors oui, j'affirme que vous souffrez d'une sensiblerie excessive qui nuit au bon ordre établi par la Nature !

Il n'y a pas soixante ans, vous êtes parvenus, avec votre médecine, à greffer des cœurs. Très bien, quoique cela ait surtout permis de satisfaire les inventeurs et les chercheurs qui avaient contribué à cette prouesse… Il leur paraissait sans doute plus essentiel de flatter leur ego, que de respecter la planète !

Bien sûr, cela offrait beaucoup d'espoir à tout un tas de gens, mais pas à la Nature. Elle percevait déjà que vous vous multipliiez. Elle a constaté que, de ce jour, vous vivriez plus vieux, avec des vrais cœurs tout neufs ou des ersatz en plastique. Alors, peut-être pour rééquilibrer tout ce déséquilibre, elle a inventé le SIDA. Mais vous continuiez à vous multiplier, parce que tous vos savants voulaient vous faire vivre plus vieux encore. Ils y sont arrivés ! Elle a donc refait son travail, du mieux qu'elle le pouvait, en inventant le virus Ebola, le chikungunya ou, de façon encore plus médiatisée dans l'Occident qui se pensait intouchable, le coronavirus.

La Nature a conçu la maladie de la vache folle lorsqu'il vous a pris de donner de la viande à manger à des bovins. Elle a créé la grippe aviaire, jugeant vos élevages de volailles indignes. Elle a tout fait pour contrebalancer vos sottises et vous, vous continuez !

Maintenant, la Nature, je crois qu'elle en a vraiment marre. Je crains, surtout, qu'elle ne passe à la vitesse supérieure pour recouvrer vraiment sa stabilité.

Prends un peu de recul, toi qui me lis. Tu verras que notre si beau monde est bien malade, du mal de votre Humanité.

*****
***
*

Dix milliards, c'est trop.

C'est beaucoup trop. Un peu comme s'il y avait cent lions pour deux gazelles dans la savane. Comme si trois simples barres chocolatées garnissaient le goûter d'anniversaire d'une cinquantaine d'enfants.

Vous volez sur le dos !

J'ai cru comprendre que vous aviez des dieux. Le concept doit vous rassurer, vous permettre d'expliquer l'incompréhensible. Nous, les hirondelles, nous sommes bien plus pragmatiques. Je ne saurais expliquer mes pensées en me référant à Dieu, Bouddha, Yahvé, Allah, ni à qui que ce soit. Je respecte les croyances de chacun, mais pour être plus claire, je pense sage de ne me vouer qu'à la Nature, en matière de créatrice universelle. J'estime même assez sain de raisonner ainsi.

À en croire ce qu'on dit dans le monde des oiseaux, les problèmes que votre civilisation a créés ont des sources multiples. Pire : vous vous êtes tellement éparpillés, ces dernières décennies, qu'on patauge pour y voir clair.

Pour commencer simplement, chacune de vos inventions successives a donné lieu à un tel engouement qu'il vous a fallu, à tous coups, en faire plus. Quand vous avez su changer un cœur, il a fallu que plus personne ne meure du cœur. Lorsque vous avez découvert le plastique, il a fallu que tout soit en plastique. Depuis que vos médecins savent réaliser une Fécondation In Vitro, il faut que tous ceux qui le souhaitent puissent avoir des enfants. Dès lors qu'Internet est apparu, il a fallu que tous soient connectés au monde entier, transformant cet intéressant vecteur de communication en une source inépuisable de la mondialisation systématique.

Vous appelez ça « *le progrès* ».

Pourtant, bien peu d'entre vous se sont sérieusement demandé pourquoi. Pourquoi les plastiques n'existaient pas à l'état naturel. Pourquoi la Nature défavorisait certains cœurs. Pourquoi elle a rendu certains d'entre vous stériles. Pourquoi elle n'a jamais ressenti le besoin de faire communiquer les animaux par ondes ! Tout au plus a-t-elle inventé le sonar pour certains d'entre eux, aux seules fins de se nourrir.

Peut-être y avait-il une raison ?

Bien sûr, la Nature s'attaque aux plus faibles. Si cela peut sembler injuste, ce n'est qu'à court terme et perçu par votre sensibilité. On peut en voir les bénéfices à l'échelle de l'évolution. Par ce biais nécessaire, elle s'améliore sans cesse.

Nous, les animaux, nous posons chaque jour des questions, mais nous n'évoluons que très lentement. Nous ne brusquons ni la Nature, ni notre environnement. Tu sais, nos nids d'hirondelle avaient presque la même forme il y a mille ans. Ce savoir-faire, nous l'avons acquis de nos ancêtres et nous le respectons.

Pourquoi voulez-vous tant produire des enfants artificiels, alors que d'autres bien réels n'ont pas de parents ou meurent de faim ? Bien sûr, il faut nuancer nos reproches envers les générations passées. Ces procédés semblaient légitimes, on les jugeait positifs. Mais il convient de se poser cette question urgemment, et d'y apporter une réponse pour l'avenir !

Pourquoi acceptez-vous la mondialisation, cette pratique qui consiste à manger des fruits venus de l'autre bout du monde, ou à utiliser un téléphone qui fait le tour de la planète avant d'atterrir dans votre poche ?

Vous êtes trop nombreux, vous, les hommes, et puis vous êtes cupides, et puis vous êtes stupides. Vous êtes si peu enclins à vous remettre en cause, préférant largement privilégier vos aises, que vous tuez impunément la Terre qui nous a tous vus naître.

Mais vous savez, je ne suis pas inquiète. Non, je reste confiante. Je sais que la Nature, au terme de vos méfaits, s'en sortira. Même meurtrie ou défigurée, elle renaîtra des cendres que vous aurez laissées, plus belle encore et renforcée.

*****
***
*

Il y a dix ans, un terrible séisme a ravagé Haïti. Il a laissé derrière lui un théâtre de désolation, plus de deux cent trente mille morts et presque autant de blessés. Tout a été dévasté. Le fruit, sans doute, d'une réaction épidermique de la Nature.

Forts de leur sensiblerie exacerbée, tes semblables de toute la planète ont donné des milliards pour venir en aide au peuple haïtien. Toi aussi, peut-être. Dix milliards de dollars ont ainsi été confiés à quelques ONG et à des associations. Je reconnais bien là votre générosité. Mais tous ces dons n'apaisaient-ils pas tout simplement votre sentiment de culpabilité ?

N'avez-vous pas œuvré ainsi pour pouvoir vous dire, juste après avoir rempli votre chèque : *« Moi, au moins, j'ai fait quelque chose pour ces gens »* ?

En outre, c'était compter sans la nature de l'être humain. Dix ans plus tard, le même chaos règne sur cette île, et les cicatrices béantes du séisme, bien visibles, persistent. La catastrophe a laissé sur le carreau des habitants exténués. Ils n'ont plus de travail, et semblent condamnés à survivre pauvrement, dans des cabanes en tôle, au sein de bidonvilles !

Comment en sont-ils arrivés là ? Quel espoir leur reste-t-il, alors que les casques bleus ont déserté l'endroit, le jugeant trop dangereux, et que l'ONU elle-même avoue chercher des financements pour y enrayer les épidémies de choléra et de COVID-19 !

La réponse ne devrait pas t'étonner – quoique, tu sembles si crédule parfois. Des politiciens véreux, des dirigeants d'ONG pervertis par la soif de l'argent et confortés par la crédulité de la majorité, se sont mis la majeure partie des dix milliards dans les poches. Ils en ont utilisé moins de trois centièmes pour faire mine de redresser Haïti.

Désormais, cette île défigurée est à l'image de la planète. Sauf que là-bas, la casse de surface reste apparente.

*****
***
*

Tu sais, je crois que vous, les humains, vous distinguez en seulement trois types. Si on devait comparer votre règne à celui des animaux, on pourrait sans doute vous répartir comme suit : les requins, qui n'hésitent pas à manger leur prochain pour se tailler la part du lion ; les dauphins, heureusement les plus nombreux, qui organisent leur vie honnêtement ; et les anguilles, enfin, qui louvoient à tout va pour arriver à leurs fins.

Si quelques exemples peuvent éclairer ta lanterne, je te les donne avec plaisir. Mon statut d'oiseau me permet d'oser tout et de ne point craindre qu'on m'attaque en diffamation !

Les requins, tu les trouveras parmi les assureurs, les riches hommes d'affaire ou les dirigeants de grandes entreprises cotées en bourse. Tu les croiseras chez les huissiers, dans le monde des commerciaux rémunérés selon leurs résultats ou chez certains politiciens. Attention, tu peux toujours avoir des requins autour de toi, quel que soit ton métier. Tu les reconnaîtras bien vite s'il y a des promotions à récupérer. Garde un œil sur eux, et ne sois pas naïf !

Les dauphins mènent leur barque tranquillement. Ils sont heureux de ce qu'ils font, ils sont artisans, commerçants. S'ils travaillent en entreprise, ils montent les échelons par la pure valeur de leur labeur, sans écraser les autres.

Les anguilles, on peut les trouver partout. Elles se sentent particulièrement à l'aise dans les syndicats, à la tête des ONG, dans le transport ferroviaire, et obtiennent de bons résultats dans des jobs de commerciaux. Pour ma part, je n'aimerais pas avoir affaire à ce type de commercial si j'étais un humain. Immanquablement, j'aurais la désagréable impression de m'être fait enfumer après lui avoir acheté quelque chose, plus encore que par des requins – eux, au moins, on les voit arriver !

*****
***
*

Votre manière d'être et vos comportements sont bien singuliers. C'est bien, l'originalité… sauf quand elle dévaste tout. Je ne suis pas sûre que vous en mesuriez toutes les conséquences. J'espère tellement que le point de vue d'un volatile vous aidera à prendre du recul !

Votre pollution envahit le monde. À force de voyager, avec les copines, nous avons appris à tousser ! Aussi, nous évitons vos quartiers les plus pollués autant que faire se peut, et suivons les chaînes montagneuses ou le cours des rivières.

Vos villes, malheureusement, nous sommes bien obligées de les fréquenter. Tu nous verras, à la tombée du jour, bravant la puanteur de vos pots d'échappements pour trouver à manger.

Vos lampadaires sont devenus nos alliés par défaut. Ils concentrent bien des insectes que nous ne trouvons plus dans la verte Nature. Souvent, nous partageons ces espaces avec des chauves-souris. Ces improbables créatures nous amusent car elles volettent n'importe comment. Au moins, elles assurent le spectacle…

Tu te rends compte de l'aberration de notre situation ? Pour compenser la contamination des campagnes dégorgeant de pesticides, la destruction des haies et tout votre bétonnage, voici à quoi nous sommes réduites : nous servir de vos pollutions lumineuses pour nous alimenter !

On fait comme on peut, mais si tu savais comme la vie nous est pénible, parfois. Vos pollutions sont plus sournoises que quelques lampadaires. Dans la majorité des cas, elles demeurent invisibles.

Tu ne fouilles pas, toi, dans le ventre des poissons remplis d'ordures. Tu ne penses pas aux océans de plastiques qui gangrènent les mers. Tu ne perçois pas l'ampleur du désastre causé par des gaz d'échappement, des pesticides, des invasions chimiques ou d'autres fongicides. Tu mesures si peu l'impact des incendies et même du bitume ou de la coupe des bois, sur la faune et la flore.

De manière générale, tu fais comme si les problèmes n'existaient pas.

J'ai entendu un jour une chanson dont l'air, jovial, émanait des fenêtres de Nicole. Je me suis alors dit : « *Tu sais Bec-au-Vent, c'est exactement comme ça que tu les vois, tous ces humains.* » Il s'agissait de la chanson *Tout va très bien, Madame la Marquise*. Comme elle est drôle, mais quand on y pense… comme elle est déprimante.

Imagine un instant que le marquis de la chanson représente votre Humanité. Imagine que la jument soit la Terre et que le château symbolise les océans. Imagine enfin que les écuries évoquent l'atmosphère de notre planète. Tu auras une vision presque parfaite de ce que votre civilisation est sur le point d'engendrer. Mais à part ça, « tout va très bien » !

Bien entendu, nous, les animaux, serions incarnés par Madame la Marquise dans ce scénario. Et tu l'auras compris, nous n'aurions plus qu'à nous catastropher de la situation.

*****
***
*

Tu sais, à l'école, on apprend le passé simple à tes enfants, mais on ne leur dit jamais rien sur le futur compliqué. C'est pourtant cela qui serait plus que parfait. Et pendant ce temps, nous, on prédit un avenir imparfait. Il est impératif que vous conjuguiez vos actes avec notre devenir commun… Dès à présent !

Si votre monde est maltraité, le nôtre en pâtit également. Je peux t'assurer que l'effet papillon actuel prend des airs de bulldozer pour la Nature. Mettons-nous donc au travail. Mais avant cela, je te soupçonne de ramer un peu, dans ton cerveau trop imaginatif pour être pragmatique, alors laisse-moi t'aider.

Je ne vais pas pouvoir tout évoquer ici, je ne suis pas assez maline, mais je vais tout de même te donner quelques pistes. À toi d'inventer la suite. Attention cependant, ne mets pas la charrue avant de l'avoir tuée !

Dans un premier temps, je vais te dire ce que vous, les humains, devez entreprendre. Là, tout de suite, maintenant, aujourd'hui, ce soir.

J'évoquerai ensuite ce que vous devez lancer sous trois à cinq ans, tout au plus. Ce serait sympa, d'ailleurs, de vous activer dans ce sens. Histoire que je puisse profiter avant ma mort, des premiers effets de mes conseils avisés !

Enfin, je te parlerai de ce qui doit être fait avant 2030. Ça vous laisse moins de dix ans, mais il faut absolument respecter cette date butoir. Vous qui ne respectez jamais rien, faites un effort pour une fois. Sinon je crains que votre civilisation ne se remette pas de ce que la Nature lui infligera.

*****
***
*

Dès maintenant, tu dois prendre conscience que la préservation durable de la Nature constitue le seul secteur d'activité méritant d'être mondialisé.

Avant toute chose, ne solde pas ton humanité en faisant des chèques à tous ces organismes très soucieux de défendre une infinité de causes à l'autre bout du monde. Commence par faire le bien autour de toi. Prends soin de tes proches, de tes amis, laisse des traces dans ton entourage, dans ta vie quotidienne. Prends du temps pour eux. Aide la vieille dame de ton quartier, que tu vois peiner, à traverser la rue ou à porter ses courses. Tu verras que ton énergie, ton investissement ou tes dons directs aux personnes concernées seront plus profitables et utiles que tout ce que tu as fait par le passé. Le sourire de cette vieille dame et son « merci » seront beaucoup plus gratifiants que les cinquante pour cent de réduction d'impôts dont tu jouissais avant.

Fais le bien autour de toi, dès ce soir, dès demain, autant que tu le peux. Invente des B.A. légitimes. Tu seras alors un vecteur de bien-être.

Toutes les ONG, toutes les fondations, toutes les associations ne sont pas pour autant à proscrire de ton carnet d'adresse, mais il convient d'être vigilant avant de faire un don. Certains projets en voiliers, par exemple, nettoient réellement les océans de plastiques ; tandis que d'autres, sous couvert de mener des recherches sur la nocivité des déchets qui les constituent, se baladent autour de la planète aux frais de la princesse, abusant sans complexe de leurs moteurs diesel et de leurs groupes électrogènes... On sait déjà depuis longtemps que le plastique est nocif, ce ne sont pas eux qui nous l'ont appris !

Dès que possible, il convient de supprimer vos partis écologistes sur tous les continents. Ils n'ont pas de sens, car l'écologie ne vote ni à droite, ni à gauche. Elle est universelle et devra désormais s'imposer à tous les partis, à tous les pays. Il conviendra alors de les contraindre, quelle que soit leur couleur, à œuvrer dans le bon sens – mais je t'en parlerai plus tard !

Il faut aussi abolir l'attribution des prix Nobel de physique, de chimie, de médecine ou de la paix, et leurs équivalents, partout dans le monde. Ces reconnaissances ont précisément valorisé par le passé des individus qui ont entraîné votre civilisation sur le mauvais chemin – souvent bien malgré eux.

Les trois premiers consacrent toutes les découvertes qui aujourd'hui nous minent ; polluant la planète ; rendant votre civilisation malheureuse et stressée ; transformant votre nourriture à l'excès ; laissant vos tomates insipides ; dépouillant de leurs défenses vos corps, qui deviennent allergiques à tout et à n'importe quoi. Ce sont les inventions de ces grands hommes qui contribuent depuis des années à votre surpopulation. On leur doit l'effondrement de la biodiversité. Pire encore, ils ont rendu légitimes vos agressions quotidiennes de la Nature, votre défi contre la vie.

Pour ce qui est des nobélisés de la paix, ma logique est sans doute un peu plus dure à cerner. Mais tu me connais, je vais te l'expliquer en détails.

Bien sûr, Mère Teresa, Martin Luther King ou Nelson Mandela ont œuvré de bon cœur pour rapprocher les peuples. Ils les ont aidés à recouvrer leur dignité, à ouvrir les portes de leur liberté.

Bien sûr, ils ont toujours milité sans violence, sans haine, avec abnégation. Ils ont porté l'espoir de ceux dont ils plaidaient la cause.

C'est louable, c'est admirable. Ils méritent le respect de chacun sans aucune hésitation.

Ce ne sont pas les actions de tous ces gens et de ces organismes nobélisés qui me chagrinent. Toutefois, il me semble que « la paix » n'est pas le moteur d'une évolution naturelle de la vie.

La vie n'est pas un long fleuve tranquille et heureusement qu'à une époque, vos anciens et leurs Alliés se sont battus pour défendre vos territoires. Où en seriez-vous sinon ? Existeriez-vous seulement aujourd'hui ?

Regardez comme vous êtes attachés à vos propriétés privés. Vous êtes bien prêts à les défendre, non ? Et qu'en est-il de votre attitude presqu'offensive lorsque vous vous bousculez devant les portes d'un magasin le jour des soldes ? Oui, l'attaque et la défense sont dans vos gènes ! Elles sont normales et naturelles.

Si les grandes guerres n'existent plus sous leurs formes d'antan, c'est sans doute en raison du matériel militaire actuel, ainsi qu'à la puissance des armements devenus surtout dissuasifs.

Pourtant, elles ont été remplacées par des guerres plus sournoises, économiques, géopolitiques, technologiques ou idéologiques. Et beaucoup d'entre elles naissent de velléités d'invasion. Il vous faut les combattre et non pas les bénir ! Ce sont des guerres d'un nouveau genre que vous devez mener pour préserver vos savoir-faire, votre culture, vos compétences, vos biens et vos territoires.

Il convient également de combattre ceux qui, sciemment, portent atteinte à la nature, en défrichant par le feu la forêt amazonienne, en déversant leurs ordures dans les fossés, ou encore, pour les plus gros navires, en dégazant leurs pollutions sans vergogne en haute mer.

Sois assuré que de la fourmi à l'éléphant, du colibri à l'albatros ou bien encore du petit crabe à la baleine, tous cherchent à protéger leur clan, le fruit de leur travail, leur garde-manger et leur espace vital. Vous n'êtes pas différents des autres animaux, alors comportez-vous en Hommes, pas en pseudo-dieux mal inspirés !

Non, décidément, la paix n'est pas une finalité ni un but à atteindre. Tout au plus est-elle appréciable, lorsqu'on n'en regarde pas le revers ?

Tu comprendras désormais pourquoi je pense qu'un prix Nobel de la paix n'a pas de sens pour votre civilisation. Offrez plutôt des médailles d'humanité, cela brouillera moins le message important que je porte au bout de mes ailes.

*****
***
*

Je reviens un instant sur votre médecine. Il me semble urgent que le corps médical, les scientifiques et les chercheurs prennent conscience de leurs fautes passées. Ils ont très largement outrepassé les limites de la raison et de la légitimité.

Ils doivent ré-étalonner leurs champs d'action. Par exemple, en s'obligeant à refuser tout acte consistant à prolonger la vie à l'envi, contre la volonté de la Nature.

Finalement, c'est assez simple. N'importe qui peut imposer très facilement la limite qui lui semble raisonnable, et faire ainsi un pied-de-bec à ces apprentis-bons-Dieux.

Nicole a un ami, Vincent. Je les ai entendus parler ensemble de ce sujet. Il lui annonçait avoir écrit ses directives anticipées, en précisant qu'il refusait toute greffe d'organe vital (le cœur, le foie, les poumons, les reins), ainsi que tout acharnement thérapeutique. Vincent a même ajouté qu'il s'opposait à donner son corps à la science, en précisant : « *Pour ce qu'ils en feraient !* »

Quand on y pense, greffer une main ou un pied offre un net confort de vie sans pour autant la prolonger. Alors qu'un cœur... C'est sans doute dans ce sens que votre science peut se rendre utile : en améliorant le quotidien des gens.

Bien sûr, tu me diras : « Et les enfants malades du cœur ? » C'est vrai que votre médecine peut être salvatrice pour quelques injustices qui ne respectent pas l'ordre normal des choses. Mais je ne vais pas te mâcher tout le travail, quand même ! Il faudra que vous inventiez les limites de l'acceptable. À vous de définir si un cœur de dix ans, de vingt ans ou de cinquante ans mérite un régime d'exception. Où se situe la limite du bon ordre des choses ? Là est toute la question.

Et puis, pour la fin de vie, vraiment, faites un effort. Ce que vous réalisez pour vos chiens, vous n'êtes pas capables de l'accepter pour vos pareils ? Seuls quelques pays proposent l'euthanasie ou le suicide assisté. Soyez charitables avec vos pairs. Arrêtez de les laisser souffrir. Sous le prétexte officiel de compassion et d'humanité, je crois bien, en fait, que vous camouflez votre lâcheté !

Pour ta part, attache-toi chaque jour à respecter la Nature en effectuant tous les petits gestes de la vie quotidienne qui la préservent. Mange local. Évite toute forme de pollution. Trie tes déchets même si, spécifiquement pour les plastiques, il conviendra de trouver rapidement une solution pérenne et absolue !

*****
***
*

À plus long terme, il est nécessaire de créer un observatoire mondial de la Nature qui disposera de pouvoirs contraignants envers les États. Il devra, entre autres, imposer la protection de tous les littoraux, ou encore décupler le nombre de parcs nationaux préservés partout sur la planète. Dans ces derniers, l'homme ne pourra proposer qu'une action respectueuse et non-intrusive. Dès lors, la Nature reprendra son travail et le climat ne mettra pas dix ans à retrouver son souffle.

Avant cinq ans, vous devrez aussi supprimer dans leur totalité les plastiques non-structurels, en les noyant, par exemple, dans les fondations de vos habitations. La Nature disposera alors de quelques milliers d'années pour les absorber.

Par « plastiques non structurels », j'entends les bouteilles, les sacs (même recyclés !), le mobilier, les habits synthétiques, les gourdes, les filets de pêche, que sais-je encore ? Je leur oppose les « plastiques structurels », comme les fenêtres et les tuyauteries en PVC, les pare-chocs de voiture. Ils désignent tous les produits qui ont moins de chance de finir dans l'océan, mais qui nécessiteront également plus de temps pour être remplacés. Il faudra bien, cependant, que toute production de plastique ait cessé après une décennie.

Au terme des cinq ans, toujours, une loi devra passer, stipulant qu'aucun camion n'aura l'autorisation de s'éloigner de plus de cent ou deux cents kilomètres de sa base. Je les vois bien, moi, avec les copines, polluer plus que de raison, tous ces monstres souffreteux qui n'avancent pas. Le ferroutage constituerait une alternative plus saine et sans doute plus rapide. Il conviendrait également de promouvoir les transports par voies fluviales ou maritimes – et dès que possible, les propulser à l'hydrogène.

Je ne comprends pas non plus cette politique du tout électrique que vous mettez en place. C'est juste plus bête qu'une boîte à plumes !

J'admettrais que les administrations territoriales soient ainsi équipées ; tout comme les véhicules des sociétés opérant dans un rayon restreint. Mais il semble que l'hydrogène et le méthane seuls ou l'association hybride entre le solaire et l'hydrogène soit bien plus respectueuse de la Nature que toutes les énergies fossiles, ou l'électricité seule. Le bateau *Energy Observer* prouve bien cela à l'heure actuelle, même si, avec son excès de panneaux solaires et de batteries, il gagnerait à se perfectionner. Je l'ai survolé en Méditerranée… Il est plutôt joli en plus !

*****
***
*

Au terme de dix ans, tous les bateaux de croisière ou de travail devront être équipés de façon similaire à *Energy Observer.* Ils adjoindront plus d'éoliennes et des voiles plus efficaces à leur panoplie, pour faire bonne mesure.

Les vols long-courriers revêtiront un caractère exceptionnel, puisque la mondialisation ne sera plus de mise. Quant aux vols court et moyen-courriers, ils devraient purement et simplement être supprimés. D'ailleurs, puisque l'exploitation pastorale locale se développera, les demandes deviendront moins importantes et se destineront à des territoires restreints. Plus besoin, dès lors, d'élevages ni de cultures intensifs.

Un jeu de puissantes taxes devra nécessairement être mis en place, dans tous les pays. Elles permettront de favoriser la consommation de produits locaux, et dissuaderont les Parisiens de manger des tomates fraîches en janvier.

Réhabituez-vous donc au plaisir de prendre le temps du voyage, d'en faire une aventure. Retrouvez le bon goût de la fraise gorgée de soleil après quelques mois d'abstinence. Goûtez les plats de saison, qui savent vous réchauffer le corps durant les mois d'hiver ou l'hydrater sous le soleil d'été.

Ne cherchez plus ailleurs une planète habitable. Vous savez bien que sitôt colonisée, elle serait en péril. Il n'y a aucune raison que votre fuite vous rende plus raisonnables. Préservez la Terre est votre seule issue, et notre unique espoir.

Enfin, entamez dès à présent la diminution de vos populations. Notre planète bleue est pleine avec quatre milliards d'Hommes. Vous avez donc pas mal de chemin à faire, en marche arrière !

*****
***
*

Et si j'étais ton Dieu ? Si je n'étais qu'un père qui parle à ses enfants, bien triste des bêtises qu'ils inventent chaque jour, de l'état de leurs jouets qu'ils cassent pour mieux se les approprier ? Si la Nature et moi ne faisions qu'un dans ma peau de petite hirondelle, et que la vie n'était pas arrivée par hasard sur cette planète Terre ? Alors je réaliserais, en te voyant, l'insoutenable constat que je me suis trompée.

Je pourrais tout recommencer, et espérer la vie plus encline à créer un monde sain. Mais si tu m'entends, peut-être est-il encore temps, dès aujourd'hui, que tu te décides à respecter la Terre.

DEUXIÈME PARTIE

Sauvez-moi, ou crevez avec moi !

Il y a quelques semaines, nous nous sommes rassemblées sur des fils électriques, les copines et moi. Nous étions fort émoustillées – c'est à chaque fois pareil. Chacune, nous avions reçu ce mystérieux message qui nous pousse deux fois l'an à reprendre la route, à reprendre les airs.

Mes petits se trouvaient avec moi. Je frissonnais, fébrile, consciente que notre voyage vers l'Afrique serait périlleux, et que beaucoup d'entre nous n'en réchapperaient pas. Ils étaient beaux mes petits, par cette merveilleuse journée du tout début d'automne. Le soleil offrait à leurs ailes nerveuses, le scintillement d'un espoir qui les porterait tous, pour le moins l'escomptais-je, vers nos quartiers de saison sèche.

Deux dangers principaux nous guettaient durant ce périple. La traversée de la Méditerranée, et celle du Sahara. Longues, fastidieuses et parsemées de pièges…

Je les connaissais bien tous ces dangers, pour les avoir affrontés quatorze fois, déjà, au fil de ma courte existence. Certaines d'entre nous succomberaient en mer, happées par un coup de vent, ou perdues dans une brume trop persistante. D'autres s'épuiseraient dans le désert, victimes de la chaleur, de la déshydratation ou de quelque malaise. Enfin, les moins prudentes périraient lors de nos courtes pauses, sous les griffes d'un chat ou les serres d'un rapace, ou bien avalées par un serpent sournois qui n'attendrait, silencieusement, que notre passage salutaire !

Bientôt, nous avons senti la ligne sous nos pattes vibrer et tressauter. En un instant, la nuée de mes pareilles a pris possession du ciel, le transformant en un théâtre mettant en scène notre ballet majestueux.

Trois tours d'honneur au-dessus de la presqu'île, et nous saluions les marais salants jusqu'à l'année prochaine.

*****
***
*

Hier, quelque quarante jours après notre départ, les premières d'entre nous ont atterri à Kaduna, au nord du Nigéria. Je les ai suivies de près.

Aujourd'hui, je suis bien triste, car l'un de mes petits et mon amie, Serres-de-Poussin, ne sont toujours pas arrivés. Je verse une larme à l'idée d'avoir perdu ainsi deux êtres chers. J'ai encore un espoir de les voir surgir, mais je n'y crois plus guère.

Au bout de quelque temps, j'apprends malheureusement que mes appréhensions étaient fondées.

Mon amie, en compagnie de quelques congénères, a été aspirée par un avion au-dessus de Kano, une ville plus au nord du pays… Elle était presque arrivée au terme du voyage, mais voilà, sa vie s'est arrêtée.

Je sais, au moins, qu'elle a fait son travail durant toute sa vie. Elle a donné naissance à de beaux petits et peut être fière d'avoir terrorisé bien des moustiques, tout au long de son existence ! Ce n'est pas pour rien qu'on l'a surnommée « Gobe-la-fléchette » !
Elle a fait son travail, elle l'a bien fait, sans s'éparpiller, et toujours avec joie. Je ne l'oublierai pas.

Mon petit, quant à lui, n'aura pas eu le temps de connaître le monde. Je n'en ai aucune nouvelle. J'espère qu'il n'a pas souffert s'il est mort, et garderai de lui le souvenir d'un petit oisillon plein d'entrain, rieur, joueur et surtout très gentil.

Je suis triste, mais la vie continue. Je retrouve peu à peu mes repères, même si je ne peux m'empêcher, encore pour quelques jours, de scruter l'horizon souventes fois en espérant voir apparaître mon petit Plumes-de-sable. C'est peine perdue, je le sais bien, mais ne peux réfréner ces pensées pour la chair de mon œuf.

J'éprouve au demeurant une grande joie à me retrouver ici, au Zaki Club. Il s'agit d'un complexe de loisirs principalement fréquenté par des expatriés. Les arbres et les paillottes, ainsi que la piscine et les grands espaces naturels, constituent autant de niches pour de nombreux insectes ; nous ne manquons de rien.

Tous les après-midi, les habitués viennent nombreux pour se détendre et je reconnais les enfants déjà présents l'année dernière… Je me souviens même de leurs prénoms, sans cesse répétés entre eux ou bien par leurs parents, qui leur intiment de ne pas rester au soleil ou de mettre de la crème.

Parmi eux, il y a Frédéric et Vincent, bien sûr, mais aussi Christophe et sa sœur Muriel ou encore Anne-Catherine et Sophie. Tous ces bambins de onze à treize ans rigolent et s'amusent à qui mieux mieux, naviguant des courts de tennis à la piscine. Ils s'ébrouent dans une eau qui ne les rafraîchit même plus tant elle est chaude !
Ils ont l'air tout heureux et ça me rend joyeuse !

J'aime aussi écouter leurs parents qui discutent. Leur sujet de conversation principal en ce moment reste le coronavirus.

C'est vrai que cette COVID-19 a engendré un grand bazar pour vous, les humains. En compensation, nous, les animaux, avons vécu votre confinement comme un immense soulagement : celui de pouvoir respirer un air enfin redevenu pur.

Cette démonstration magistrale de la Nature, qui vous a mis en cage pendant plusieurs semaines, me donne un peu d'espoir. J'ai l'impression que ça vous a fait réfléchir un peu aux origines de la pandémie. Bien sûr, comme d'habitude, si vous n'êtes pas loin de faire les bons constats, vous envisagez toujours les mauvaises solutions pour y remédier.

Je trouve un peu pénible de s'y retrouver dans le brouhaha de vos incriminations ! Vous désignez, pour commencer, une pauvre chauve-souris, puis un placide pangolin, comme étant les initiateurs de ce mal. Si vous cherchez dans ces deux innocentes bestioles les bouc-émissaires de tous vos malheurs, vous semblez mal partis pour trouver des solutions durables.

Non contents de cela, vous accablez vos dirigeants en leur reprochant leurs choix passés, leur gestion présente et leurs projets d'avenir. Certains détractent le professeur Raoult et son prétendu médicament miracle, tandis que d'autres l'encensent. Les médias, dans tout ce chaos, s'abîment comme d'habitude dans le sensationnel avec moult invités tous plus inintéressants les uns que les autres !

Je crois que vous avez besoin d'une piste de travail plus sérieuse, si vous voulez comprendre le pourquoi du comment de vos écueils. Ça me paraît clair, sans moi, vous n'y arriverez pas. Comme d'habitude, vous mettrez toute votre intelligence en œuvre pour vous tromper une nouvelle fois… Je ne me fais pas d'illusion, mais je dois au moins essayer de vous tracer la voie.

*****
***
*

Commencez donc par regarder ce que la Nature vous montre, simplement. Avec un œil naïf, et en tâchant d'adopter son point de vue. Oubliez toute la sensiblerie qui, souvent, pervertit vos avis, et vous comprendrez ce que je m'apprête à vous révéler.

Cette COVID-19 a touché toute la planète, en commençant par la Chine – symbole, s'il en est, de votre société de consommation et de la mondialisation.

Elle se transmet par voie orale et se loge dans vos poumons, ces organes chargés de transmettre l'oxygène de l'air à votre corps.

Ce virus ne se montre pas très virulent, mais il a la faculté de faire s'emballer les défenses immunitaires des plus faibles, et notamment de vos aînés.

Ce n'est pas la COVID-19 qui vous tue, c'est l'auto-infection des plus fragiles. Pour combattre le virus, il semble que les défenses immunitaires, dans certains cas, s'emballent et sur-réagissent, ce qui a pour effet de multiplier avec excès les cellules infectées ou de les rendre inopérantes. Bien vite, alors, celles des poumons ne sont plus efficientes pour assurer leur rôle d'échangeur et le corps, privé d'oxygène, s'asphyxie.

Enfin, les effets de votre confinement planétaire et contraint, tout le monde l'a vu, ont été salutaires pour la qualité de l'air, de l'eau et de la terre.

Ne voyez-vous pas ce que la Nature est en train de vous dire ? Moi je l'entends qui hurle son désespoir : « *Arrête ta mondialisation, cesse de polluer l'air et la terre ! Ne t'acharne plus à vouloir perpétuer la vie de ceux qui, selon moi, en ont atteint le terme !* »

Quand je vous dis que vous êtes trop nombreux sur la planète, vous m'écoutez maintenant ? Vous m'entendez si je vous affirme que vos pollutions sont des poisons pour la Terre ? Me croyez-vous, désormais, si je déclare que votre mondialisation est la cause de nos problèmes à tous, et que votre surpopulation étouffe le reste du vivant ?

Pff ! Je n'ai que peu d'espoir ! Vous vous complaisez si bien dans votre modernité, dans les progrès des hommes, dans toutes vos nouveautés. Je crains fort votre incapacité à vous engager vers un monde respectueux de la Nature !

Vous savez, cette petite COVID-19 qui a causé tant de tracas à votre société, elle ne sort pas tellement du lot. Ses pairs ont déjà semé la terreur dans vos campagnes et dans vos villes, et viendront de nouveaux titiller votre espèce. Au Moyen Âge, la peste bubonique s'est répandue durant des décennies, répondant sans doute au manque d'hygiène de vos communautés de l'époque, qui déjà polluaient leur environnement en considérant leurs rues comme des tout-à-l'égout. Demain, encore, la Nature répondra à votre réchauffement climatique en libérant plusieurs virus prisonniers de glaces millénaires. Celles-là même qui fondent abondamment sur les pôles ou les plus hauts sommets, et renferment quelques-uns de vos prochains tourments, prêts à rejaillir du passé.

Je commence à bien vous connaître. Si vous prenez conscience des actions à mener dans tel ou tel domaine, vous y mettrez de la bonne volonté, je le sais bien. Mais vous vous arrangerez toujours pour préserver votre confort au détriment du bien de la Nature.

C'est propre à ceux de votre espèce de négocier, je l'ai bien remarqué. Si on vous dit que la planète ne peut raisonnablement accepter plus de quatre milliards d'humains pour se porter convenablement, vous rétorquez que sept milliards, c'est acceptable… si on ne mange plus de viande.

Mais ça ne marche pas comme ça. Là encore, vos solutions ont laissé sur le bas-côté, en quelques dizaines d'années à peine, ce que Dame Nature a mis, elle, des dizaines de millions d'années à construire, dans le respect de l'équilibre entre les vies qui peuplent la planète. La chaîne alimentaire est essentielle, alors ne créez pas plus de déséquilibre en ne mangeant plus de viande : votre problème ne vient pas de là. Comment vous le dire autrement ? Vous êtes juste trop nombreux !

Vous avez décimé presque tous les grands préda-teurs, si bien que vous êtes aujourd'hui la seule espèce au sommet de la chaîne alimentaire. Par conséquent, si demain, vous ne tuez plus d'animaux, très rapide-ment les espaces naturels terrestres seront envahis par pléthore d'herbivores de toutes sortes. À l'instar des sangliers, ils dévasteront vos champs de colza, de blé ou de soja. En moins d'un an sans doute, le chaos rè-gnera dans vos campagnes.

Enhardis par cette manne inespérée, les préda-teurs comme les loups, ours, renards et autres fouines ne mettront pas cinq ans à se multiplier à leur tour. Ils profiteront largement de leur impunité retrouvée pour rééquilibrer le nombre des herbivores.

En l'espace de dix ans, tu ne pourras donc plus rien faire pousser sur la planète, ni te promener dans les bois devenus trop dangereux !

Décidément, les extrêmes seront toujours né-fastes en toute chose. Seul l'équilibre est important. Considère la chasse sportive et la pêche de loisir : il serait bien malvenu de se priver de ces formes de régu-lation des espèces. J'en conviens cependant, il faut les gérer avec raison, mais cela semble majoritairement le cas. Les associations de pêcheurs comme les sociétés de chasses s'occupent bien des rivières et des forêts. Elles sont contraintes de réguler le nombre de captures et de repeupler ces milieux, chaque année, avec des animaux d'élevage…

Dans les rivières, la truite sauvage se fait rare et le saumon a disparu. Presqu'aucun faisan n'est plus sauvage sur notre territoire et les limitations de prélèvement pour les gros animaux (chevreuils, cerfs, sangliers…) en évitent l'extinction.

En bord de mer, le maillage des poissons est également indispensable car sinon tout disparaîtrait, sois-en assuré ! La taille minimale des captures, essentielle, n'est pas fixée au hasard. Elle permet de ne sélectionner que les poissons des espèces qui sont en âge de s'être déjà reproduit une ou deux fois au moins.

Je ne parle pas là des gougnafiers qui saccagent les milieux naturels, ni des braconniers. Ceux-là ne méritent que mon mépris et de sévères punitions !

*****
***
*

En fait, avec vous, les hommes, chaque génération se croit plus intelligente que la précédente, et plus sage que la suivante.

Mais quand est-ce qu'un peu d'humilité nourrira votre esprit ? Quand prendrez-vous conscience de vos excès et de votre insouciance au regard du reste de la Nature ? Quand comprendrez-vous que si vous ne sauvez pas la Nature, vous crèverez avec elle, vous crèverez avec nous, vous crèverez avec moi !

La solution passe par la chaîne alimentaire dont vous êtes un maillon essentiel, mais elle ne pourra émerger justement sans la suppression de toutes vos pollutions.

Ah, les pollutions… Quelle performance de leur avoir trouvé des noms parfois presque poétiques ! Sans doute espérez-vous vous les approprier, ou les apprivoiser afin qu'elles ne vous effraient pas trop.

Ainsi, vous qualifiez de « particules fines » le poison de vos pots d'échappements et de toutes vos usines. On dirait des ballerines empreintes d'élégance ! Vos « gaz à effet de serre » offrent une image de cocon protecteur, alors qu'ils représentent le venin qui tue notre atmosphère ! Inventez dès aujourd'hui la révolution du respect de la Terre pour corriger tout ça, car une révolution passe aussi par les mots.

*****
***
*

Vos civilisations ont déjà été le théâtre de deux mutations majeures. La première, votre révolution néolithique, coïncide avec les débuts de l'agriculture : elle s'est étalée, selon l'endroit du monde où elle se déroulait, sur une période variant entre dix mille et deux mille cinq cents ans avant ce que vous considérez comme l'an zéro. Le système qu'elle a instauré a duré jusqu'à la seconde, votre révolution industrielle.

Durant toute cette première période, vous êtes passés du statut de « chasseurs-cueilleurs » à celui « d'éleveurs-planteurs », et vous avez acquis des savoir-faire.

Au lieu de glaner votre pitance au gré de la route ou des opportunités que vous croisiez sur le chemin, vous vous êtes peu à peu sédentarisés. Vous avez appris à domestiquer les plantes et les animaux dont vous aviez besoin. Au fil du temps, vous avez créé des ustensiles, des outils et des techniques modernes tels la poterie, la vannerie, le polissage de la pierre ou le tissage.

L'évolution a fait son œuvre et l'équilibre sur la planète, ma foi, n'était pas si mauvais. Il a laissé sa place à de grands espaces naturels préservés, et ouvert la porte à une vie sociale enrichissante. En ce temps-là, des haies cerclaient encore les parcelles potagères et céréalières, et la vie foisonnait alentour.

Seulement voilà, il y a deux cents à deux cent cinquante ans de cela, certaines de vos élites se sont piquées de lancer une seconde révolution, déclamée « industrielle ». Il en a découlé une mondialisation si récente, qu'il est sans doute encore des hommes sur la planète à en avoir vu l'aboutissement, au début du siècle dernier !

Dès lors, bien sûr, tout s'est emballé. Vous avez perdu la raison en prenant pour principaux objectifs de vie le « progrès » et la « réussite sociale».

Le progrès, aujourd'hui, ça donne quoi ? L'émergence du transhumanisme, dont les fondements idéologiques considèrent indésirables certains aspects de la condition humaine tels la souffrance, le vieillissement, la mort ou encore la maladie. Les transhumanistes estiment que les sciences et la technologie sont les outils indispensables à évincer durablement ces phases naturelles dans l'évolution d'une vie humaine. Ils entendent par exemple supprimer le vieillissement par des procédés aberrants ! Certains vont jusqu'à prôner le remplacement volontaire d'un membre en bon état par une prothèse dont ils vantent les qualités techniques !

Revenons à vos élites. Ces hommes étaient les précurseurs de tous vos excès. Pourtant, ils sont toujours là (du moins leurs disciples) à vous gouverner, à diriger leurs entreprises. Ils font toujours partie intégrante de votre société, quand bien même c'est leur engeance qui l'a pervertie ! Et ils la poussent toujours plus à inventer, à consommer du « tout » et du « n'importe quoi ».

Moi, je dois dire que dans l'absolu (et sans même tenir compte de vos nuisances) je considère votre « progrès » comme l'art de compliquer ce qui était simple auparavant, et votre « réussite sociale » comme un gloubi-boulga qui pervertit les vraies valeurs de vos pareils.

Pour accréditer ma théorie, il suffit de bien vous regarder. Ceux d'entre vous qui ont un outil entre les mains et travaillent dur gagnent peu, alors que ceux qui travaillent avec du vent, des idées et bien souvent un simple téléphone (ou pire, juste un carnet d'adresses !) s'enrichissent.

Vous corrompez vos valeurs et vous embrouillez tout depuis le début du siècle dernier... Et de plus en plus vite !

Votre mondialisation, qu'on pourrait alors qualifier de troisième révolution, est apparue comme un progrès majeur et une très belle réussite. En réalité, c'est surtout elle qui a brisé l'équilibre !

Le plus bel exemple reste celui de vos smartphones, dont chaque composant a sans doute voyagé plus qu'un homme dans toute sa vie ! Et il vous faut en changer tous les six mois pour rester à la page. Clairement, on vole sur le dos… Depuis mon observatoire aérien, je vois bien que vous ne maîtrisez plus rien.

Vous êtes attachants, les humains. On ne peut pas dire le contraire. Mais vraiment, quand je considère ce que vous avez fait du monde, je suis bien fière de n'être qu'une hirondelle.

*****

***

*

Aujourd'hui, avec les copines, nous avons décidé de nous rendre à la rivière Kaduna pour chasser un peu.

Des nuées d'insectes y vivent et l'année dernière, nous y avions débusqué quelques espèces endémiques délicieuses. Je suis très impatiente de les goûter à nouveau : nous mangeons les produits locaux et de saison, nous. Les quelques mois d'attente qui se sont écoulés durant notre transhumance ne les rendent que meilleurs !

Cette journée est un plaisir et retrouver nos terrains de jeux nous met en joie. L'air, chargé d'humidité, force les insectes à se cantonner près du sol. Nous rivalisons d'audace pour tous les attraper, fondant sur eux en piqué ou bien virevoltant entre les branches des arbres, dont les racines barbotent dans la rivière.

Rien n'a changé depuis l'année dernière et notre joie irradie !

Notre festin achevé, nous rentrons à l'heure où ceux du Zaki Club arrosent les espaces verts. Nous nous plaisons à traverser les brouillards générés par leur buses d'arrosage. Voilà une fin de journée amusante et très rafraîchissante.

Lorsque nous arrivons, Sophie embête sa sœur en l'aspergeant. Elle patauge dans la piscine. Anne-Catherine, bien plus sage que sa cadette, s'énerve un peu et s'éloigne en maugréant. Muriel, elle, court après Vincent qui, une fois de plus, lui a piqué sa serviette. Je vois bien que ces enfants sont heureux de cette vie atypique. Sans doute ne mesurent-ils pas encore toute l'allégresse qui règne dans leurs vies préservées. Ils le sauront plus tard, quand ils auront grandi et comprendront que le bonheur ne passe certainement pas par le dernier iPhone !

Le bonheur, j'ai l'impression que c'est une quête indissociable de votre humanité, une fin en soi. Lorsqu'on vous écoute, on a le sentiment qu'il s'agit d'un but ultime, un Graal. Mais dès qu'on approfondit un peu, on s'aperçoit que chacun de vous en a une lecture différente. C'est bien le signe qu'aucun humain n'en possède la définition ni la recette exacte. En fait, avouez-le, vous ne savez pas ce que c'est vraiment – et à ce rythme, vous n'y parviendrez pas sans vous casser le bec.

Nous, les animaux, avons notre propre définition du bonheur, universelle et reconnue par tous. Je la livre en espérant qu'elle fera bonne école auprès des vôtres. Le bonheur, c'est de bien faire le travail pour lequel nous avons été créés.

Si nous faisons bien notre travail, nous les hirondelles, alors nous sommes heureuses, comme ces enfants lorsqu'ils ont bien joué.

Nicole, qui aime tant la Nature, regarde dès qu'elle le peut les émissions de Nicolas Hulot, *Ushuaïa*.

Alors que je me reposais juste devant sa fenêtre, l'été dernier, j'ai été interloquée par l'une d'elle. Je suis restée jusqu'à la fin pour écouter son récit rempli de bon sens.

Le journaliste-aventurier s'était plongé au cœur de la tribu des Zo'és, dans une Amazonie encore sauvage et totalement inexplorée par l'homme « moderne ». Ce peuple « primitif » vivait de la chasse, de la cueillette et de la pêche, et punissait ceux d'entre eux qui faisaient des bêtises… en les chatouillant. Ils vénéraient leurs anciens et chérissaient leurs enfants. Ils élevaient également quelques animaux, et le temps qu'ils consacraient aux tâches ménagères, à la recherche de nourriture ou à l'entretien des huttes dépassait rarement trois heures par jour. Le reste de la journée, ils jouaient dans la rivière ou palabraient en rigolant. Nicolas Hulot avait appelé cette émission « Les derniers hommes libres ». Je dois dire qu'on ressentait vraiment le bonheur de ces gens pas encore pervertis par les prétendus délices de vos « progrès ».

Il semblerait que cette incroyable tribu vive encore aujourd'hui, malgré la déchéance du monde qui les entoure. Je crains fort, toutefois, que leur habitat ne soit prochainement recyclé en tables pour vos terrasses, si vous continuez sur cette lancée !

*****
***
*

Bon, d'accord, jusqu'à présent, j'ai pas mal médit sur vous et sur vos actions à l'encontre de la planète. J'ai maugréé, c'est vrai, mais à juste titre, entends-le bien, et toujours au bénéfice de la Nature que vous maltraitez tant.

Parmi les vôtres, certains ont déjà pris conscience des méfaits de l'Humanité et cherchent des solutions équitables et pérennes. S'il est essentiel que leurs préceptes ne causent pas plus de mal que de bien, il convient également de noter leurs revendications, parfois pleines de bon sens, et dont il est essentiel, sans doute, de s'inspirer.

En marge de votre société s'organisent tout un tas de groupuscules revendicatifs. En général, ces derniers refusent, pêle-mêle, la mondialisation, la souffrance animale, le spécisme, la pollution, la pêche industrielle, la pêche tout court, d'ailleurs, tout autant que la chasse, et plus globalement, vos sociétés modernes.

Tout cela ressemble bien à un méli-mélo d'extrémismes mais ne t'inquiète pas : je vais t'aider à y faire le tri.

Avant tout, soyons pragmatiques. Si tu pars du principe qu'il vous faut manger moins, mais mieux, il convient d'adapter vos méthodes de culture et d'élevage. Une ferme ne pourra plus, demain, assumer une fonction de machine industrielle. Elle devra respecter les animaux, tout d'abord. Elle fournira des distributeurs locaux, que seront bien entendu les épiceries, les boucheries, les charcuteries, les traiteurs, les poissonneries, les primeurs, les supermarchés et les restaurants. Quand je dis « locaux », j'entends « qui seront situés à moins de cent ou deux cents kilomètres du lieu de production ».

Et si d'aventure, le lieu de production en question souhaite livrer plus loin, ma foi, les taxes augmenteront au fil des kilomètres. A contrario, si les denrées livrées le sont à moins de dix kilomètres de leur ferme, il serait judicieux qu'une prime soit allouée pour ces aliments parfaitement locaux.

Ainsi, vous comprendrez que le prix des produits transformés, comme les plats industriels, risque vite de flamber. Moi, je dis : tant mieux ! Ces produits sont contre nature ! Et puis, entre nous, si vous voulez des plats tout faits, ceux de votre traiteur ne sont-ils pas très largement meilleurs ?

« *Quid des fruits et des légumes, l'hiver, quand on habite à Lille ?* », me diras-tu. Vos grands-parents faisaient bien leurs conserves… Il semble largement possible que tous les producteurs en fassent de même, et pourquoi pas, vous aussi. À Marseille, ils n'auront pas de chicon ni d'asperge, beaucoup moins de choux, et ils paieront sans doute plus cher leurs viandes. En contrepartie, de superbes poissons garniront leurs étals, aux côtés de légumes du soleil resplendissants !

Les fermes d'élevage devront rapidement devenir autonomes en énergie. Elles pourront envisager la méthanisation qui produira une quantité non-négligeable de biogaz, ainsi que d'autres processus, plus classiques. Par exemple, la production de biocarburants, l'énergie solaire ou l'énergie éolienne qui, cumulées, les rendront complètement autosuffisantes.

Voilà pour les denrées alimentaires.

Concernant les matières premières destinées aux productions requises par vos sociétés, le principe de proximité, ou en l'occurrence d'optimisation, devra être pris en compte également. Vous devrez étudier la provenance de chacun des produits dont vous avez besoin. Effectivement, si les carottes peuvent pousser à peu près n'importe où, les terres rares ou les métaux précieux ne se trouvent pas à la croisée de chaque chemin !

Il conviendra d'opter pour les équivalents dont l'extraction sera la moins traumatisante pour la planète (et pour les ouvriers), ou pour un recyclage plus approfondi de vos récoltes passées.

De fait, les échelles de proximité ne sauront être les mêmes que pour les productions alimentaires. Vous aurez à charge d'en prioriser les critères selon leurs caractères les plus respectueux de leur environnement.

Je pense à vos plastiques, par exemple, qui seront supprimés et remplacés, pour bien des contenants, par du verre. Aujourd'hui, les fabricants en puisent la matière première (le sable) dans les mers et dans les océans. C'est absurde même si ça les arrange. Les déserts de toute la planète progressent, et utiliser leur sable n'occasionnerait aucun dégât écologique, contrairement aux dragages maritimes qui se pratiquent aujourd'hui. L'avantage certain du verre, s'il est développé d'une façon écoresponsable, c'est que ce noble matériau se recycle indéfiniment, et ne polluera rien si d'aventure il termine sa vie au fond des océans !

Tu l'auras compris, le principe devra être de taxer bien plus fortement du verre issu de dragages maritimes, que celui provenant des sables d'un désert. Tâche de décliner cette logique aux autres matières premières dont vous pourriez avoir l'utilité.

*****
***
*

J'ai entendu dire qu'il y aura demain un tournoi de pétanque au Zaki Club. Ce genre d'événements me plaît toujours beaucoup, car à cette occasion, les enfants s'amusent à désensabler les fourmilions, pour les regarder se débattre sur les dalles bordant la piscine.

D'habitude, nous ne pouvons pas les attraper, ces petites bestioles. Elles vivent enfouies au fond de leur piège conique de sable, ne laissant dépasser que leurs mandibules en attendant qu'une proie, une fourmi en général, y dégringole vers son destin macabre.

Nous sommes friandes de ces insectes et le jeu des enfants, malgré sa cruauté, nous est salutaire. Nous pouvons ainsi nous en repaître avec joie, dès que les bambins tournent les talons ! Sophie se révèle notre meilleure alliée dans cette activité.

Nous sommes les grandes gagnantes de ce commensalisme. Si cette symbiose nous profite, elle reflète aussi pleinement l'expression de la chaîne alimentaire.

Il n'en va pas de même pour votre pêche industrielle, destructive et trop peu sélective. Certains modes de pêches sont irrespectueux des fonds marins et les meurtrissent par simplicité et par cupidité. Même les espèces pélagiques ne sont pas à l'abri de vos pillages massifs. Ces derniers coûtent la vie, par la même occasion, à des centaines de dauphins et de tortues marines qui ne sont coupables que d'avoir vécu !

Quant à vos élevages de poissons, en mer principalement, ils constituent à ce jour une aberration. La surpopulation de ces parcs vous oblige à utiliser des traitements antibiotiques massifs, ce qui frôle le ridicule. En outre, leur caractère sédentaire détruit durablement tout ce qui vit dessous.

Il convient évidemment que les parcs à poissons soient bien moins peuplés. Vous verrez que très vite, leurs besoins en antibiotiques ne se feront plus sentir.

Ensuite, il faut les rendre itinérants, de sorte que les sols aient le temps de se régénérer. Car aujourd'hui, vous ne créez que des déchetteries dans un stupide souci d'économie.

Une autre alternative consisterait à les implanter au large et par grands fonds. La dispersion des excréments piscicoles s'en trouverait alors facilitée, et l'océan absorberait sans problème ces déchets.

Je veux te faire comprendre les méfaits de vos pollutions sur l'environnement. Ils s'apparentent un peu à l'effet d'une bouteille de whisky sur ton organisme. Si tu t'offres un petit verre tous les deux ou trois jours, savouré en bonne compagnie, ton corps n'aura aucun mal à l'assimiler et ce petit plaisir ne te sera pas (trop) nocif. Pourtant, si tu avales les soixante-quinze centilitres de cette bouteille chaque jour, déjà tu finiras complètement saoul en permanence, mais en plus, ton foie ne tardera pas à exploser, peut-être même sans passer par la case cirrhose !

Offrez beaucoup d'espace aux élevages de poissons, limitez grandement vos pollutions et la nature absorbera vos excès s'ils sont raisonnables. Tout comme ton foie le fait lorsque tu bois ton whisky avec parcimonie.

Enfin, l'idéal pour l'élevage de poissons, qu'ils soient d'eau douce ou d'eau de mer, est de recréer dans leur environnement un réseau trophique. Cela leur sera bien plus bénéfique que de simplement les empiler dans l'eau, au-dessus de leurs excréments !

Oui, ça va coûter plus cher… Et alors ? Il est temps de vous rendre compte qu'en continuant de placer les enjeux économiques au-dessus du respect de la vie, vous vous précipitez dans une impasse !

Concernant la pêche, il vous faut absolument inventer des systèmes durables. Aujourd'hui, vous épuisez toutes les ressources. Vous exterminez des quantités phénoménales de poissons qui finissent par pourrir au fond des océans, vous saccagez en permanence les fonds marins par des dragages agressifs, vous anéantissez certaines espèces en surpêchant jusqu'à leurs pouponnières.

Il convient avant tout de vous attacher à protéger les littoraux. Un tiers d'entre eux au minimum doit être préservé de toutes formes de pêche jusqu'à au moins un mille des côtes. Créez des parcs nationaux et offrez-leur les moyens de se développer correctement.

En plus de soulager la Nature, vous développerez largement l'emploi partout dans le monde, en instaurant une pêche réellement durable et respectueuse de son environnement.

Vous devrez bien sûr proscrire la pêche industrielle, partout sur la planète. Il faudra lui préférer largement les pêches de lignes pour toutes les espèces qui peuvent ainsi être prises.

Seules les plus petites unités de navires, pour lesquels vous devrez donc définir une taille maximale, pourront chaluter ou pêcher au filet. Il ne leur sera possible de prélever, principalement, que des poissons vivant en bancs.

Bien entendu, toute sorte de pêche indigne – électrique ou au filet dérivant, par exemple, sera totalement proscrite et sévèrement réprimée.

Pensez également à préférer la pêche de la coquille Saint-Jacques en plongée sous-marine, plutôt que par dragage. Cette dernière méthode anéantit bien des espèces qui vivent enfouies dans le sable ou sur les fonds marins.

Un autre enjeu vital sera la délimitation des zones de pêche. Il conviendra de limiter le champ d'action de chaque bateau. Ceci, associé à la création de larges espaces préservés, rendra de fait caduque l'utilisation de bateaux usines, si destructeurs. C'est à ce prix qu'en la matière, vous pourrez enfin vous targuer de manger des produits locaux issus d'une pêche durable.

Bien sûr, les poissons les moins chers sur les étals parisiens seront sans doute des truites d'élevage, du sandre ou du silure. En contrepartie, vous œuvrerez pour le bien de la planète et développerez bien vite, aussi, des singularités régionales plus marquées. Tout autour du monde, elles enrichiront l'art culinaire des populations autochtones.

« *Et les huîtres* », me diras-tu ? Tu en trouveras pour les fêtes à Paris, mais elles seront bien plus chères qu'à Oléron, qu'à Mesquer ou qu'en Basse-Normandie. Tu devras apprendre à t'en passer, à les déguster sur leur lieu de production… ou à les payer très cher !

Il faut décidément sortir de l'industrialisation de toute chose et déclarer la guerre à l'absurdité de vos habitudes de vie. Vous devez prendre conscience que vos vraies richesses, en matière d'alimentation, se trouvent près de chez vous, et résident essentiellement dans les talents de vos cuisiniers.

Et puis, objectivement, vous en êtes arrivés là (en grande partie) à cause de la cupidité de certains. Alors, vous ne pourrez sortir de ce pétrin qu'en vous punissant par où vous avez pêché : en tapant dans le portefeuille de tous.

*****
***
*

Je repense un instant à mon petit Plumes-de-Sable. J'en ai désormais fait le deuil, mais ne l'oublierai pas. Je me dis que si la Nature, chaque année, nous permet d'enfanter quatre ou cinq oisillons, elle sait sans doute la mortalité qui les touche. Comme l'an passé, et comme les années précédentes, d'autres de mes petits ne fêteront pas leur premier anniversaire. J'en serai triste, encore ; je ne les oublierai pas non plus. Je ferai mon deuil aussi, et pour m'aider, je repenserai à tous mes poussins, à toute ma descendance. Comme d'habitude, je me réjouirai des vivants et ça m'aidera à passer le cap. C'est dans l'ordre des choses.

Vous savez, la vie est souvent dure pour toutes les espèces. Même parmi les vôtres, qui êtes préservés dans vos pays dits développés, certains crèvent la faim et s'éteignent dans l'indifférence. Vous n'êtes en fait rien de plus que l'une des espèces de la planète. Et si vous vous pensez la plus intelligente, alors, regardez les fourmis, observez les abeilles, mesurez la sagesse de l'ours et de la tortue qui s'endorment jusqu'au printemps. Ils savent qu'ils mourraient de faim s'ils devaient rechercher leur pitance en hiver. Et surtout, ils méritent ce repos. Ils font bien leur travail sans jamais s'éparpiller ; sans procrastiner, sans refuser la moindre de leurs responsabilités. Des héros de la verte Nature.

Vous, vous avez oublié votre travail depuis longtemps. Vous croyez sincèrement qu'il s'agit de se lever matin pour aller faire des choses toutes plus ou moins bizarres, avec pour objectif de gagner de l'argent. Ces sous, que vous accumulez, vous servent à payer des factures, à acheter des maisons, à partir en vacances, très loin, pour découvrir le monde.

C'est très important et sacré, votre travail, d'ailleurs vous y passez le plus clair de votre temps. Vous en parlez souvent avec passion et dès que vous n'en avez plus, vous en cherchez !

Pourtant, il ne faut surtout pas que vous en fassiez une minute de trop. Alors vous avez créé des syndicats pour vous défendre contre ceux de vos pairs, moins nombreux, dont le travail est de vous faire travailler. Compliquée, votre logique !

Et puis, il y a ceux dont le travail consiste à faire le vrai travail, pour lequel vous êtes tous programmés. Mais ils le font pour tous les autres. Et ils commencent à en avoir assez, parce que c'est certainement le travail le plus dur et le moins bien payé de toute votre société. Ils sont agriculteurs, éleveurs ou bien pêcheurs. Ils ne sont qu'une poignée d'hommes et de femmes qui font le vrai travail de plusieurs milliards de personnes.

Alors, comme l'immense majorité des humains ne fait pas son travail, il y a un déséquilibre. Or, la Nature, elle cherche toujours à rééquilibrer tous les déséquilibres.

Votre vrai travail, en réalité, il est le même que celui de tous les animaux de la planète. Vous devez respirer, boire, vous nourrir et vous reproduire. Mais au lieu de ça, vous vous moquez de l'air que vous respirez tout autant que de l'eau que vous polluez. Vous mangez des pizzas surgelées, vous voulez le dernier iPhone, vos objectifs sont les week-ends, les vacances, faire des enfants et prendre votre retraite.

Et quand vous vous retrouvez à la retraite, vous commencez seulement à faire votre vrai travail : aller à la pêche, s'occuper d'un potager, élever des poules et des lapins, chasser. On vole sur le dos !

Des enfants, ça, vous savez en faire… Le problème, c'est que vous en avez tant faits que la planète est désormais surpeuplée.

Vos politiques familiales vous y encouragent, bien sûr. Pour certains, ça devient même un sport national. Vous n'avez pas remarqué toutes ces émissions qui fleurissent, sur les familles nombreuses de huit ou neuf enfants en train de construire leur maison, ou de partir en vacances ?

Là, on se trouve pile-plume dans l'excès de votre travail : la reproduction, vous y consacrez beaucoup trop de votre temps et de votre énergie !

Plus globalement, vos actions sur la vie s'exercent à sens unique, dans le seul but de la préserver, en occultant très largement l'idée de la mort comme sa finalité naturelle. D'un côté, vous mettez tout en œuvre pour encourager les naissances, rallonger la vie le plus possible par des subterfuges. De l'autre, vous supprimez les condamnations à mort, découragez les avortements, et dans bien des pays, les fins de vies consistent souvent en d'ultimes prolongations. L'équation ne peut qu'engendrer une démographie galopante !

Vous êtes bien les seuls sur la planète à raisonner de la sorte.

Nous, si nos portées d'hirondelles sont fournies et annuelles, c'est que notre espérance de vie est courte : dix ans en moyenne. En outre, nous sommes la proie de bien des prédateurs du ciel ou de la terre. La buse nous pourchasse, le serpent nous cueille sur la branche, et le chat, et le lynx, et la martre, et le furet, ou encore la fouine sa cousine, nous croquent par surprise !

Nous constituons le garde-manger de tellement d'animaux, que très peu de mes semblables nous quittent de vieillesse. Je me souviens même d'un soir où un chat, maître en escalade s'il en est, a tué les quatre petits de ma portée. C'était il y a cinq ans. Cette année-là, je n'ai pas eu le temps de pondre une nouvelle fois avant le grand départ ; ce fut une année « *sans* » et j'ai mis bien du temps à m'en consoler !

Vous n'avez pas ce genre de problème, vous. Presque cent pour cent de vos petits deviennent adultes, alors pourquoi en faites-vous tant ?

Il est grand temps d'inverser la tendance. Prédisant toutes les réticences et le courroux que cela provoquera chez toi, je vais quand même te donner mon point de vue. De toute façon, même si tu voulais me botter le croupion, tu n'y arriverais pas. Je suis bien trop agile pour que tu m'atteignes !

Il faut immédiatement que, partout dans le monde et jusqu'à avoir retrouvé un peuplement acceptable (quatre milliards d'humains maximum), les politiques familiales de tous les pays encouragent cette décroissance vitale. Il est temps de freiner vos copulations à tout va. Sans bien sûr tomber dans la politique de l'enfant unique, qui n'a que démontré son caractère sournois et parfois atroce ! Non, connaissant votre rapport à l'argent, le simple fait d'adapter les revenus (et les malus) des caisses d'allocations de toute la planète devrait suffire à vous faire retrouver la raison !

Ainsi, si par exemple le premier d'une fratrie peut générer de belles allocations familiales, le second, lui, n'occasionnera aucun revenu de la sorte. Pour le troisième et les suivants, je suis même partisane d'une taxe croissante au fil des accouchements et destinée à dissuader vos pairs aux élans un peu trop productifs ! Il est temps, dans ces conditions, que vous vous posiez la question de la légitimité des procédés de procréations médicalement assistées, ou de la gestation pour autrui.

C'est un vaste chantier que je vous propose là. Un retour de votre évolution de quelque cent ou deux cents ans en arrière. Utilisez l'intelligence que vous avez acquise au service de notre Nature commune, de celle sans qui nulle vie sur Terre n'aurait de sens.

Et faites-moi confiance, je réfléchis en ce moment même aux solutions qui feront que « *demain* » sera meilleur pour tous.

TROISIÈME PARTIE

Un printemps pour la planète

« Tu exagères Bec-au-vent ! Tu rejettes sur les humains toutes les misères du monde, mais tu sais bien qu'avant même qu'ils n'aient su faire du feu, des pandémies apparaissaient déjà. Plusieurs fois ces derniers milliards d'années, des catastrophes ont changé la face du monde !

Crois-tu que quand les dinosaures ont disparu, c'est parce qu'ils avaient inventé le plastique ? Non, pas du tout, ce n'est que la Nature qui vit et qui, chaque jour, modifie le visage de la planète. Regarde aussi les ravages causés par l'éruption d'un volcan. Ce n'est quand même pas de la faute des humains ! Et pourtant, ce genre de catastrophe défigure également le paysage, et fait de nombreuses victimes parmi les animaux et les plantes.

Ne sois pas comme eux, je t'en supplie ! Cesse de faire les bons constats à leur place et de leur trouver de mauvaises solutions ! Tu n'es plus dans ton rôle, Bec-au-Vent. Laisse-les trouver leur voie tout seuls. Il y en a bien assez, j'en suis sûre, pour aimer la Nature et proposer des changements visant à la protéger. Laisse-les donc persuader les autres du bien-fondé de leur raisonnement !

Bon, là où tu n'as pas tort, c'est de les enjoindre à œuvrer collectivement dans le même sens : celui de la Nature. »

Hier, je me suis fait gronder par Plume-Incarnée, une vieille connaissance. Depuis le départ de Serres-de-Poussin, elle s'est beaucoup rapprochée de moi. Nous nous sommes toujours bien entendues, et je crois bien que maintenant, elle est ma nouvelle meilleure amie… Elle me comprend si bien et pourtant, comme tu viens de le voir, elle ne mâche pas ses mots !

Toi qui me lis, ne t'inquiète pas, je ne t'oublie pas, au contraire. Tu es mon confident désormais. Je commence à bien te connaître et je sais qu'à présent, tu lis dans mes pensées. Nous n'avons partagé que quelques pages : je sens pourtant que nous réfléchissons de concert et que la vie, comme la Nature, sont au cœur de nos préoccupations communes… Et si ce n'est toujours pas le cas, eh bien je ne désespère pas de te convaincre – car ce n'est pas mon genre d'abandonner !

J'ai sans doute un peu exagéré précédemment, mais je ne suis pas partisane de la litote ni de l'euphémisme. Si j'ai clairement écrit ce que je pensais, c'était pour que tes pairs récalcitrants réalisent comme il est urgent d'agir.

La Nature n'attend pas, elle réagit en permanence à toutes vos agressions. Elle supprime des espèces, en crée d'autres, moins nombreuses mais plus intrusives et plus résistantes. Elle déclenche la fonte des glaciers, la prolifération d'algues qui vous paraissent nocives mais qui, sans nul doute, révèleront leur raison d'être le jour venu.

Si tu observes les sargasses, ces algues envahissantes qui s'enroulent sur les quilles des voiliers ou les hélices des barques, dégagent une odeur pestilentielle lorsqu'elles se décomposent et dégoûtent les baigneurs sur certaines plages des Antilles, tu ne leur accorderas certainement pas beaucoup de qualités. Pourtant, si la Nature les a posées là, ce n'est sans doute pas sans raison… Peut-être trouvera-t-on un moyen, prochainement, de les valoriser en usant de quelque propriété profondément cachée, par exemple pour en faire des films étirables biodégradables ? Peut-être protègent-elles des espèces d'animaux surprenantes ? Peut-être détruisent-elles certaines de vos pollutions ? Nous le saurons un jour, ou pas, mais sois certain que la Nature avait ses raisons de les créer.

*****
***
*

Le plus compliqué, dans tout ça, consiste à distinguer le « bien » du « mal » – je devrais dire les « biens » des « maux ».

L'abondance des biens matériels et virtuels peut sembler « bien », mais ne serait-elle pas la cause de tous nos maux ? Et finalement, les biens de quelques-uns ne sont-ils pas un mal infligé à tous ?

En outre, ce qui vous semble « bien » à l'échelle locale n'implique pas nécessairement un bénéfice pour la planète. Ainsi, si vos systèmes politiques se sont avérés bien pratiques pour administrer une ville, une région ou un pays, ils se sont révélés inefficaces, et même contre-productifs, lorsque vous les avez déclinés à l'international.

Si la démocratie a démontré son bien-fondé dans l'administration des territoires, il faut reconnaître son échec en matière d'écologie. Elle devra à l'avenir respecter les règles d'un organe bien plus puissant, qui imposera le cadre indispensable au respect de la Nature. Tu verras bien vite que les intérêts des politiques et des industriels sont très distants de ceux de la planète – quand ils n'y sont pas opposés !

Comment distinguer le « bien » et le « mal » que j'évoquais plus haut, alors qu'il en est parmi vous (pour certains très influents, surtout dans les médias et dans certains partis politiques) qui surfent sur des modes pour accroître leur popularité ?

Ces populistes, ces « bien-pensants », ne visent qu'à exacerber la sensiblerie de leur auditoire ; dans le but, finalement, de flatter leur ego, briguant au passage plus de pouvoir ou d'audience pour eux-mêmes, sous couvert d'un engagement apparent.

Ce que je m'apprête à dire te désolera peut-être, mais dans le passé et le présent, ce sont notamment eux qui ont contribué, par exemple, à votre surpopulation mondiale. Compte sur eux également pour freiner sournoisement, dans le futur, le retour à la raison respectueuse de l'environnement.

L'avenir de l'Humanité ne peut plus passer désormais ni par la politique ni par les politiciens, mais par l'émergence d'une puissance planétaire qui contraindra chacun à respecter le cycle primaire de la vie et de la Nature. Y compris par la force, et avant toutes autres considérations.

Quelques initiatives, déjà, émergent dans cet esprit. Elles restent trop individualistes, locales. Elles tiennent souvent plus de la clochardisation que d'un progrès pour la Nature.

Parmi elles, il existe la « collapsologie ». Ce courant de pensée prédit l'effondrement de la civilisation industrielle, en arguant de la multiplication des crises environnementales, économiques et géopolitiques.

Porté en France principalement par l'Institut Momentum, fondé par Yves Cochet (ancien ministre) et Agnès Sinaï, ce mouvement propose une solution en prévision de cet effondrement. Il s'agirait de se replier dans un petit coin de nature, en autarcie ou en petites communautés, afin d'organiser son autonomie énergétique et alimentaire.

Cela va peut-être dans le bon sens, celui de la Nature. Mais je ne crois pas que ce soit la meilleure façon d'appréhender la chose. Il ne me paraît effectivement pas raisonnable d'attendre que tout s'écroule et d'aller se cacher au fond des bois, pour cultiver un potager et élever quelques poules.

Non, ce n'est vraiment pas raisonnable. Même si l'initiative reste louable, il me semble plus sain d'organiser la relocalisation de toutes vos productions, plutôt que d'attendre l'effondrement du système tout en baissant la tête !

Oui, les décisions d'avenir seront bien difficiles à prendre pour vous, les humains. Par exemple, vous devrez nécessairement vous poser la question de l'acharnement thérapeutique ou de la fin de vie.

Immanquablement, vous devrez vous battre contre toutes sortes de lobbies pour reconquérir des espaces naturels protégés, faire disparaître vos plastiques, promouvoir le ferroutage ou le transport fluvial, ou encore pour supprimer les énergies fossiles, sans en développer d'autres plus pernicieuses encore.

Vous devrez mettre votre intelligence au service de la Nature, et retrouver la raison dans vos modes de consommation.

*****
***
*

Ne sois pas triste pour autant, toi, mon cher confident !

De l'ancien monde, celui que tu connais et vénères aujourd'hui, il ne restera que le meilleur. Ton confort général pourra être préservé, pourquoi en serait-il autrement ?

Sans doute te faudra-t-il faire une croix sur quelques facettes de ta vie que tu n'imagines pas encore pouvoir abandonner. Mais après tout, si en contrepartie, ton mobile ou ton ordinateur sont garantis vingt ans et juste un peu plus gros, ça ne représentera une perte que pour les lobbies que j'évoquais plus haut, pas pour toi !

Si les métiers d'éleveurs ou de cultivateurs se développent amplement, au sein de fermes à taille humaine, cela signera la fin des cultures intensives et des élevages indignes partout sur la planète. Ce ne sera pas un mal, mais une très grande victoire sur la mondialisation !

Pense à ce que peuvent apporter le développement de la méthanisation dans les fermes d'élevage, la préservation des nombreux parcs sauvages qui verront le jour, ou encore la lutte contre le braconnage. Non seulement l'emploi sera préservé et se développera, mais vos technologies pourront trouver, enfin, une place légitime dans l'espace naturel.

Tu me comprends, non ? Tu ne veux pas d'un tel monde, toi ? Un instant, en te parlant, je repense à ma vie. Elle est belle et j'en suis fière. J'ai voyagé beaucoup, j'ai croisé des contrées si gracieuses, si vastes, que le simple fait d'y repenser me met en joie.

J'aime beaucoup les couchers de soleil, par exemple. Lors de nos migrations, en fin de journée, lorsque nous rejoignons un endroit où nous reposer, nous voyons parfois le soleil se coucher plusieurs fois dans le désert. Notre vitesse et l'angle que nous prenons déplace notre horizon. On dirait que l'astre, derrière les dunes, danse à plusieurs reprises avant de disparaître.

Le monde recèle de telles beautés, et tu sais, j'aimerais que tous mes petits y vivent heureux pendant bien des années. Je n'ai pas beaucoup à leur donner, mais je crois que tout mon amour suffit si la nature est belle.

À toi, maintenant, de construire le monde de demain. À toi d'être à la hauteur de ceux qui peuplent la planète, car nous, après tout, on n'y peut plus grand-chose…

Prends un exemple tout simple, mais complètement représentatif de la mondialisation et du consumérisme. Imagine remplacer les croisières motorisées… par des voyages sous voiles, au gré des vents. Le temps long, de nouveau, accompagnera vos vies. Il faut signer la fin de cette escalade à l'immédiateté, à laquelle vous

vous livrez chaque jour un peu plus depuis quelques décennies. Votre espèce s'en trouvera enfin apaisée.

Les places boursières du monde entier auront-elles encore une raison d'être ? Vous devrez vous positionner sur la question, mais dans ma petite tête d'oiseau, la réponse me paraît simple. Elles sont le reflet de l'économie de la mondialisation. Or, les entreprises d'avenir devront sans doute se cantonner, dans ce monde émergent, à l'échelle d'un pays, d'une région ou d'un département. Quelle légitimité posséderait, dans ce cas-là, un investisseur de l'autre bout du monde ?

Inventez ce monde de demain rapidement, sûrement, sereinement, avec pour valeurs le travail de la terre et le respect de la vie.

C'est un vaste chantier qu'il reste à inventer. Vous jouissez toutefois d'un avantage certain sur cette belle entreprise, car vous en connaissez déjà tous les rouages. Vous en détenez toutes les clés. Vos choix seuls feront la différence.

Votre histoire, vos technologies et toutes vos inventions composent votre force pour construire ce nouveau monde. Vous avez l'occasion de mettre tous vos savoirs au service d'une juste cause. Jusqu'ici, vous n'œuvriez que pour les intérêts d'une petite partie d'entre vous. Au détriment de la Nature, bien sûr... et de la majorité de vos pairs !

*****
***
*

Hier soir, en écoutant parler ces adultes autour de la piscine du Zaki Club, je me suis questionnée. Je me suis sentie très embêtée, car j'ai mesuré pleinement à quel point les méfaits de vos modes de vie étaient ancrés en vous. J'ai trop compris qu'ils orientaient profondément vos choix, sans vous permettre de tenir compte de leurs conséquences.

Bien sûr, ce petit groupe parlait du coronavirus et commentait les décisions de leurs gouvernements.

Avant même la fin de la pandémie, les dirigeants de plusieurs pays se sont engagés à donner à l'hôpital plus de moyens. Ils ont inventé un emprunt, en Europe, de plusieurs centaines de milliards d'euros qui n'existeront jamais réellement. Ils ont même voulu donner d'autres milliards pour sauver des multinationales. Ils vous envoient tête baissée dans la direction opposée au bon sens !

Tu sais, concernant l'hôpital, si on pouvait n'accéder aux urgences que sur prescription (y compris téléphonique, par un médecin du SAMU), je parie que leur fréquentation baisserait des deux tiers... Si vous rendiez l'accès aux congés maladies plus contraignant ou plus coûteux, dans bien des cas, les gens consulteraient plutôt leur docteur ou se soigneraient naturellement. Ils développeraient ainsi des anticorps dont on a remarqué tout récemment l'utilité – étonnant n'est-ce-pas !

Et puis ma foi, les médecins doivent apprendre à dire à leurs malades imaginaires : « *Madame, vous n'êtes pas malade, vous vous emmerdez dans votre vie, alors faites du sport ou trouvez-vous un hobby, et vous verrez que tout ira mieux.* »

L'assistanat, décidément, est bien mauvais conseiller !

En attendant, vous devez préparer un énorme chantier à l'échelle de toute la planète, et il convient de vous y mettre vite. Chaque jour de perdu amplifiera un peu plus les efforts que vous aurez à fournir.

Et les efforts nécessaires, crois-moi, sont déjà bien vastes ! Alors, compatissante une fois de plus, j'ai cherché à te simplifier la tâche et je t'ai réservé un petit *memento* qui t'aidera à t'organiser. Bien sûr, il n'est pas exhaustif, mais vous devrez quand même, a minima :
   - Changer l'économie mondiale afin de cantonner les entreprises à leur pays, dans tous les domaines où cela est possible.
   - Entamer la décroissance de votre population en adaptant vos politiques familiales, avec l'objectif de quatre milliards d'humains sur la planète.
   - Réduire, puis supprimer les énergies fossiles.
   - Supprimer les plastiques, restreindre les pollu-

tions sonores, visuelles ou mécaniques, troquer les pesticides ou autres fongicides pour des méthodes plus naturelles et plus respectueuses de la faune et de la flore.

- Respecter les animaux en supprimant la souffrance animale inutile. Vous avez encore trop d'élevages ou d'abattoirs indignes !

- Raisonner la recherche scientifique (et surtout médicale) dans le sens de la Nature et du respect des cycles naturels.

- Réorienter votre médecine vers le respect de la vie, de la Nature et de la mort ; alors qu'elle s'exerce quasi exclusivement, aujourd'hui, dans le cadre du maintien et de la prolongation de la vie. Il sera souhaitable, d'ailleurs, de réécrire ou de modifier dans ce sens le serment d'Hippocrate, la déclaration de Genève, et les autres textes fondateurs de l'éthique médicale – qui, de fait, devront peut-être changer de noms !

- Créer, administrer et défendre de vastes parcs et espaces naturels protégés.

- Savoir raison garder ! Par exemple en cessant l'aberration de la conquête spatiale dans le but de coloniser d'autres planètes. Elle n'aurait de sens que si vous viviez au sein d'une civilisation stabilisée et respectueuse, pour commencer, de son propre environnement… et si vous aviez nettoyé les orbites-poubelles qui cernent encore notre planète !

Vaste programme, tu ne trouves pas ?

Je pars chasser pour la journée avec les copines, alors je te laisse un instant. Mais quand je reviendrai, je te donnerai les clés pour mettre tout ça en place, et faire que notre monde commun retrouve enfin en vous des hôtes respectueux de la Nature ! À tout à l'heure !

*****
***
*

Me voilà repue. Quelle belle journée nous avons passée sur les bords de la rivière Kaduna ! L'air alourdi forçait encore une fois les insectes à voler bas. Nous les avons chassés à qui mieux mieux et je crois bien que demain, je me mettrai à la diète…

Cette agréable pause culinaire m'a octroyé du temps pour ressasser tout ce que je t'ai dit jusqu'à présent.

Tu penses sans doute que je te juge trop sévèrement. Vois-tu, maintenant que tu es devenu mon meilleur confident, je peux t'avouer quelque chose d'important. Je t'ai un peu brusqué. En réalité, je pense souffrir d'une forme de jalousie par rapport à vous autres, les humains.

Lorsqu'on se penche sur tout ce que vous avez construit, à l'entraide et à l'énergie que vous développez pour défendre des causes qui vous semblent essentielles, avec les copines, on en reste souvent babas !

Et puis, je t'ai dit comme notre définition du bonheur était simple, pour nous les hirondelles : « le bonheur, c'est de bien réaliser le travail pour lequel on a été fait. » En toute honnêteté, notre vision de ce concept ne contredit pas tant votre propre façon de chercher ce Graal.

Peut-être même que l'essence du bonheur dépend de chacun. Qu'elle est une question de point de vue. Moi qui connais la douleur de perdre un petit, j'imagine désormais celle de ne pas en avoir pour certains de tes pairs. Je m'approprie leur bonheur d'enfanter ou d'engendrer celui ou celle qui sera leur raison de vivre, leur raison d'être. Après réflexion, le bonheur, ça peut également n'être que l'accumulation de petits bonheurs. Et si les petits et les grands bonheurs sont plus nombreux que les petits et les grands malheurs, alors, on est sur la bonne route. C'est ça, le bonheur est peut-être un chemin…

Tu sais, je ne veux blâmer personne ni ne reproche son passé à quiconque. Mais il faut construire l'avenir, désormais, et remettre tous les curseurs en bonne ligne pour mener à bien cette entreprise titanesque.

Je cherche à te comprendre, à t'écouter. Mais toi et les tiens aussi, écoutez les animaux, entendez la Nature : elle a tant de vérités à exprimer !

Où en étais-je, déjà ? Voilà, je dois te donner les clés ! Tu connais déjà vos lacunes, vos objectifs, je dois maintenant te donner les moyens de les atteindre. Il te reviendra ensuite de partager cela avec tous tes pareils.

Je sais, c'est une lourde responsabilité que je te confie là, mais si chacun fait un effort, si des groupes se mobilisent, si des hordes se forment, si des peuples se lèvent, les quelques assoiffés de toujours plus de richesses devront bien se plier au respect du cycle de la vie !

Je sais que vous réinventerez, toi et tes semblables, les outils susceptibles de faire valoir les droits de la Nature partout autour de la planète. Ne perds pas un instant, lève-toi. Si tu me lis, alors, c'est que tu détiens la solution entre tes mains. Partage-la !

Rejoins des initiatives comme celle de la Fondation Nicolas Hulot, qui invite chacun à prolonger la phrase « Le temps est venu de... ». Rends-toi compte que, s'il ne faut pas tout jeter du passé, bien au contraire, il convient désormais de donner un sens au progrès, une route à l'avenir.

*****
***
*

Depuis 1945, date de sa création, l'Organisation des Nations Unies (ONU) a pour buts principaux, dans sa charte, de maintenir la paix et la sécurité entre les nations, de développer des relations amicales entre ces dernières, notamment par le biais de coopérations internationales, d'encourager au respect des droits de l'Homme, et d'être un centre où s'harmonisent les efforts des pays.

Elle assortit ces buts de principes dont : l'égalité souveraine de ses membres ; le règlement des différends par des moyens pacifiques ; la contrainte de ne pas recourir à la menace ou à la force contre l'intégrité des Nations Unies ; ou encore l'interdiction de s'immiscer dans les affaires qui relèvent de la compétence des États.

On est dans le monde des Bisounours, là !

Pourtant, c'est bien l'ONU qui doit devenir la clé de voute du vaste chantier à venir, la refondation de votre civilisation. Correctement utilisée, elle devra agir pour qu'enfin l'harmonie renaisse entre les Hommes et le reste de la Nature.

Bien entendu, il va vous falloir refonder cette institution, lui donner des moyens plus étendus et coercitifs, qui lui permettront de faire respecter les nouvelles règles partout sur la planète. Un collège d'experts aux compétences très diverses dirigera l'institution. Ne choisissez pas uniquement des administratifs ou des politiciens professionnels, vous aurez moins besoin d'eux que d'un vernis à plumes !

Non, trouvez-les parmi les engagés en faveur de la Nature, parmi les professionnels des parcs naturels. Choisissez des herpétologues, des cétologistes, toutes sortes de passionnés. Des militaires, aussi, vous en aurez largement besoin. Des cuisiniers, des marins, des philosophes, que sais-je encore ? Gardez une place, aussi, pour quelques personnes connues et investies qui disposent d'une aura et d'une force de persuasion indéniables.

L'ONU doit devenir forte, puissante, essentielle, incontournable, partisane et financée par des taxes de tous les pays du monde. Elle doit disposer de moyens de pression (financiers et militaires), pour contraindre les États à apporter leur pierre à la déconstruction de l'ancien monde – et à l'avènement du nouveau.

Un atout serait qu'a minima, les forces militaires des États-Unis et d'Europe (principalement de France) soient déléguées au service de cette juste cause. Ces puissances dissuasives prendraient alors un sens, et la légitimité des forces nucléaires serait enfin pleine et entière.

Les Casques Bleus, la force d'intervention des Nations Unies, ne devront plus uniquement avoir le rôle de nounous de la planète ! Aujourd'hui, ils ne peuvent user de la force que dans un cadre défensif et ne sont pas habilités, statutairement, à déclencher une attaque.

Si on prend l'exemple de l'Amazonie, qu'on nomme volontiers le poumon de la planète, on s'aperçoit, comme surpris, que ce poumon-là est malade d'un corona humain très agressif. Un organe vital de la planète pillé par des chercheurs d'or sans scrupules, scarifié par des voleurs de bois précieux, brûlé par des agriculteurs peu scrupuleux, empoisonné par des narcotrafiquants assassins, martyrisé par des trafiquants d'animaux sauvages.

Si tu prends cet exemple-là, tu comprendras bien vite que les discours ne servent à rien, et que seules la force et la contrainte permettront d'enrayer ce genre de problèmes. Il faut que les Casques Bleus interviennent en renfort (ou à la tête) des forces armées – françaises et brésiliennes, dans le cas de l'Amazonie.

Dotez cette nouvelle ONU de l'armée la plus puissante de la planète, d'une flotte susceptible de sillonner les mers, pour chasser sans répit les tueurs de baleines et dissuader les pêcheurs illégaux. Elle aura à charge d'imposer les objectifs de « *démondialisation* », de préservation de la nature et de désescalade des populations. L'organisation pourra en outre favoriser les services d'initiatives utiles, tel le projet « *The Sea Cleaners* » porté par Yvan Bourgnon, qui consiste à nettoyer les continents de plastiques au sein des océans.

Localement, il conviendra que l'institution agisse de concours avec des associations de pêcheurs et de chasseurs. Elles se trouvent en première ligne pour protéger et gérer les ressources. En outre, leurs membres connaissent mieux que quiconque les usages, les besoins, les contraintes et le terrain des espaces naturels dont ils ont la charge.

Quid du financement de cet organe dont le champ d'action deviendra universel ? Il sera assuré par une partie des surtaxes que j'évoquais précédemment : celles que vous imposerez sur les productions non locales ou non écoresponsables des produits de toute la planète ; celles générées par les politiques familiales des différents pays ; et toutes celles que vous jugerez nécessaire à la mise en œuvre de cette nouvelle révolution.

Bon, après, je ne peux pas tout te dire, je ne vais quand même pas te faire le *business plan* de l'ONU ! À toi, maintenant, d'œuvrer. Et sois assuré que si l'Europe, les États-Unis ainsi que les pays les plus pauvres de la planète, qui auront tout à y gagner, arrivent à se mettre d'accord sur une telle orientation, le reste du monde suivra !

La partie n'est pas gagnée, mais ça vaut le coup d'essayer, car les autres n'auront qu'à se rallier à cette organisation planétaire, ou à mourir économiquement, étouffés dans leur autarcie !

*****
***
*

Plume-incarnée est passée me voir à l'instant. Elle m'a une nouvelle fois traitée de tous les noms d'oiseaux (j'en ai maintenant l'habitude !). Elle arguait que j'étais devenue extrémiste, utopiste, idéaliste. Qu'une société de moins de quatre milliards d'humains totalement respectueuse de la nature, qui ne polluerait plus du tout et prendrait soin de tous les êtres vivants de son entourage, le tout sans produire ni rejeter une once de plastique, ça n'existerait pas !

J'en ai une nouvelle fois reçu plein les plumes, mais j'ai pris le temps de lui détailler ma pensée. Mon propos forme un tout et s'articule précisément dans le sens du respect de la nature, même s'il suggère des orientations qui peuvent paraître exagérées ou cruelles, parfois.

Je lui ai donc parlé ainsi :

« *Oui, la nature est cruelle. Les animaux du globe luttent journellement pour survivre et se nourrir, et les humains détruisent nos garde-mangers, nos territoires et notre environnement.*

Oui, la mort est la finalité de la vie ; il ne faut plus la refuser, la repousser avec excès, mais apprendre à l'accepter, et pourquoi pas, l'accompagner.

Oui, leurs progrès sont des fléaux et il conviendrait que leurs chercheurs s'arrêtent de chercher parce qu'ils ont déjà beaucoup trop inventé ! Qu'ils se cantonnent désormais à adapter leurs inventions passées dans le sens du respect de la Nature.

Oui, l'Humanité est trop nombreuse désormais, oui ses pollutions minent la planète et oui, enfin, ses choix ne sont plus dictés que par l'influence de sa société de consommation.

Il faut (si je puis me permettre, ma bien chère Plume-Incarnée) qu'ils redescendent sur Terre tous ces humains ! »

Cette pensée, elle s'est nourrie de celles des extrémistes, des utopistes et des idéalistes contemporains qui peuplent la planète des Hommes. Ce sont des groupuscules, des zadistes, des collapsologues organisés ou des individus isolés qui portent ces idées. Ils se regroupent parfois en associations, en groupements d'intérêts, et même s'ils négligent souvent les règles établies, s'ils sont parfois violents ou provocants, ils sont sincères dans des convictions qu'ils défendent ardemment. Je n'ai fait que reprendre la masse de tous leurs arguments en ajoutant, je dois bien l'avouer, quelques provocations de mon cru pas piquées des hannetons !

La vision de leur société idéale, de celle que vous devriez inventer, bien entendu, n'est pas recevable en l'état. Les thématiques abordées par ces gens de plus en plus nombreux, pourtant, méritent une réflexion approfondie.

Si on regarde bien l'histoire de votre Humanité, ce sont des rêves les plus fous que sont nées les plus grandes découvertes et les plus belles avancées. Tu imagines la puissance de l'utopisme, l'immensité des rêves qu'ont dû concevoir les grands explorateurs tels Magellan, Christophe Colomb ou Vasco de Gama pour oser affronter l'horizon, pour braver l'inconnu et des éléments que nul ne mesurait ?

Alors bien sûr, me diras-tu, on peut leur reprocher tout un tas d'agissements indignes, mais l'aventure de leur vie n'est plus à démontrer. Elle reste unique et remarquable !

Tu te rends compte du courage qu'il a fallu à Louis Blériot pour traverser la Manche, ou à Youri Gagarine pour se laisser catapulter hors de notre atmosphère et jusque dans l'espace ?

Ce sont les rêves et les utopies d'hommes idéalistes et souvent extrêmes qui ont permis ces événements prodigieux. Et si j'espère que demain, le monde sera meilleur et plus respectueux, le changement prendra sans doute sa source dans l'impulsion de ceux qui voient trop loin, mais portent des idées essentielles.

Certes, je vous ai un peu bousculés, mais dans l'espoir que votre civilisation retrouve la raison de la simplicité, du respect de la vie. Chacun peut et doit se lancer dans l'aventure d'une révolution en faveur de la Nature.

Le seul élément indispensable de mon récit, finalement, est l'intronisation d'un chef d'orchestre, d'un gardien de vos clés qui fédérera en temps réel toutes les énergies, en vue d'inventer votre monde de demain.

Et là, foi d'hirondelle, je pense sincèrement essentiel que vous vous serviez de l'ONU et de toutes ses agences pour orchestrer tout ça !

Car l'énorme avancée que vous devez produire aujourd'hui consiste en fait en un recul démesuré des progrès de votre société. Et seul un gigantesque gendarme planétaire pourrait vous y aider, en vous y contraignant.

Quant au reste de mes propositions, prends-les pour des pistes de réflexions et ne t'offusque plus ! Garde le meilleur, écarte les mauvaises idées, compose tes propres inventions avec les utopies des autres, car en chacune, sans doute, il y a du bon à prendre. Et puis, tu sais déjà mon avis. La vérité se trouve sans doute dans le juste équilibre.

Demain peut-être, si vous y mettez l'énergie suffisante. Et si vous vous en donnez les moyens, vos enfants vivront le crépuscule hivernal de la mondialisation. Ils verront naître le printemps d'un monde nouveau. Un monde d'harmonie planétaire, entre la Nature et tous ses habitants à poils, à plumes ou à écailles.

De mon côté, je vais recommencer à parcourir le monde deux fois par an, à manger des moustiques, et à donner naissance à de petites hirondelles. Je vais cesser de parler et je crois sincèrement que je pourrai me dire, après avoir écrit ces lignes pour le bien de notre monde, que j'aurai fait ma part !

Bec-au-Vent